U0330027

企 鹅 人 生

PENGUIN
LIVES

# 圣奥古斯丁

〔美〕加里·威尔斯 著

刘靖 译

*Saint Augustine*

生活·讀書·新知 三联书店

献给范妮亚

斯人已逝，音容宛在

# 谢 词

首先感谢詹姆斯·奥唐奈（James O'Donnell）先生，不仅仅因为他皇皇三卷本的《忏悔录》（*Confessiones*）注译本和奥古斯丁网站（Augustine of Hippo），而且因为他以仁厚之心审阅和修改了我的手稿。再次感谢琼·斯塔尔（Joan Stahl）女士，作为文稿的录入者，她非常认真尽责。最后，我还要向我的版权代理人安德鲁·怀利（Andrew Wylie）先生表达我诚挚的谢意。

# 目　录

序　言　　　　　　　　　　　　　　　　　1

第一章　非洲（354—383年）

　　一　塔加斯特（354—366年）　　　19

　　二　马都拉（366—370年）　　　　25

　　三　塔加斯特（370—371年）　　　32

　　四　迦太基（371—374年）　　　　45

　　五　塔加斯特（374—376年）　　　60

　　六　迦太基（376—383年）　　　　63

第二章　意大利（383—388年）

　　一　罗马（383—384年）　　　　　69

　　二　米兰（384—386年）　　　　　74

　　三　加西齐亚根（386—387年）　　85

　　四　米兰（387年）　　　　　　　　96

五　奥斯蒂亚（387年）　　　　　　　　98

六　罗马（387—388年）　　　　　　106


## 第三章　非洲（388—430年）

一　塔加斯特（388—390年）　　　　　111

二　希波：神父生涯（391—396年）　　114

三　希波：崩溃（397—409年）　　　　144

四　希波：权力之争（410—417年）　　159

五　希波：罪恶、性和死亡（418—430年）　198


注　释　　　　　　　　　　　　　　　227

参考文献　　　　　　　　　　　　　　239

译后记　　　　　　　　　　　　　　　246

# 序　言

> 奥古斯丁在问询中思考。

> ——卡尔·雅斯贝尔斯（Karl Jaspers）

"我心灵的友伴会依你（耶和华）之言爱慕我身上可爱之处，会依你之言斥责我身上当责之过。"[1]* 这句话从他的灵魂深处迸发而出，直接击中我们重重设防的自我。然而，这个与今天的我们如此心灵相通的人，在他生活的时代却被视为边缘人物，一个游离在古典文化圈外的外省人。他甚至不会说当时各国知识分子通用的希腊语。与之同时代的艾克拉农的朱利安（Julian of Eclanum）批评他是小地方的大师，认为他"在一群非洲人中间假充哲学家"[2]。终其一生，奥古斯丁多数时间蜗居于其出生

---

\* 方括号标注序号的为原书注，依英文版体例，按章节顺序统一放在正文之后。下文不赘述。

地努米底亚（Numidia）[3]，曾担任港口小城希波（Hippo Regius）主教达三十五年之久——用朱利安见多识广的讥讽语调来说——不过是充当他那些非洲乡里的"驴倌儿"[4]罢了。他在教堂里的办公处所陈设简陋，这倒没什么好奇怪的——因为在非洲，平均每个星期都会有一个人被赋予圣职[5]，大大小小的主教少说也有七百多位。在后世教堂里悬挂的画像中，奥古斯丁服饰华丽，身上披挂着一位中世纪主教需要佩戴的所有饰物——包括法冠、牧杖、手套、戒指等等。但平日里，他总是身着一袭灰色的修士长袍，即便在教堂里主持庆典时也不例外。

奥古斯丁的影响力并非来自主教头衔，而是来自他的著作。其著述之丰令人咋舌，即便只是经他自己大致梳理的也达九十三种之多。此外，他还留下了超过三百封书信及超过四百篇布道词（选自他大约八千次布道）。他对虽非教内人士但学识过人的瓦罗（Varro）赞赏有加，曾这样评价道："瓦罗所读过的书籍如此之多，很难想象他居然还有时间写作。而他的著述又如此丰富，简直无法相信有谁能够通读他所有的著作。"[6] 其实这个评价用在他自己身上更为适合：奥古斯丁经常口述到深夜，速记员们替班接力。[7] 他雇用了好几批抄写员，一周几次的布道都会由他本人和速记员们悉数记录下来。某些季节里，他每天都会布道。他的信件被誊写成很多份后寄出。奥古斯丁一边口述，一边踱着步，从他文字的每一行节律中，都可以感受到他永不止息的思索和永不枯竭的精力[8]。

奥古斯丁是个不知疲倦的追寻者，从来不会安于现状。就像他最喜爱的史诗的主人翁埃涅阿斯（Aeneas）①那样，他扬帆远行，向着永远无法抵达的海岸[9]。他讨厌墨守成规，即便那些规矩是由他自己订立的。他被一种神秘的力量牵引着，战斗着。"因为我们谈论的是上帝，你的理解力无法企及。如果能够被理解，他就不是上帝了。"[10]上帝是我们探索的谜题，另外一个谜题就是我们自己。我们在自己的眼中是神秘的，因为上帝的奥秘与我们同在："我们无法认清自己的内心，即便是借助心灵本身，因为它是依着上帝的形象而造。"[11]

对于人类求索真理的迫切心情，奥古斯丁有过如下描述，无意间为追寻不辍的自己留下了一幅自画像：

---

① 埃涅阿斯（Aeneas），古罗马诗人维吉尔所著史诗长卷《埃涅阿斯纪》（Aeneid）的主人公。该书叙述了特洛伊英雄埃涅阿斯在特洛伊城被希腊联军攻破后率众来到意大利拉丁姆地区，成为罗马开国之君的经历，被誉为"罗马帝国的《史记》"，代表了罗马帝国文学的最高成就。（标注序号的脚注均为译者注。下文不赘述。）

求知欲源于求知者，并通过求知行为生发开来，它徘徊飘荡，总不在一处安住，直至找到所追寻的东西并借此与求知者合二为一。这种欲望，或者说追寻，似乎不能称之为爱，因为它是向着未知事物所做的一种努力，而爱却是以已知事物为对象的。不过它与爱有着一种共通的特质。我们可以称其为一种意志，求知者决意一探究竟，自然希望得到答案，当然前提是他所探究的属于可知的范畴。如果他求知若渴且心无旁骛，人们会说他"一心向学"——这个词常被用来形容那些勤奋好学并期盼学有所成的人。所以，心灵的分娩以某种欲望为先导，通过这种意志追寻、探究并有所发现，而所谓知识也恰恰就诞生于此。[12]

正是奥古斯丁笔下的这颗"总不在一处安住的心"，向着外界无止境地求索，使得人们跌跌撞撞踏上找寻之路，尽管懵懂中并不知晓究竟要去向何方。"登陆之前我们满怀渴望，将希望之锚抛向海岸。"[13]

一旦发现过去的想法不够透彻，他总是推翻重来。

有些人对其思想演变过程中这种不断创新的特质缺乏认识，以至于偶有发现便奉为圭臬，难免以偏概全。中世纪一直误把他的《上帝之城》（*The City of God*）当作评价政教关系的固定原则。加尔文就曾经用逻辑分析的铁镣将奥古斯丁论恩典的思想捆绑住了，殊不知这只不过是奥氏思辨过程中一个阶段性的产物罢了。奥古斯丁的态度是，向着可望而不可即的真理的方向不懈地努力：

> 亲爱的读者啊，如果此时你像我一样胸有成竹，就请与我一道前进；如果像我一样踌躇，就请同我一起讨论；如果察觉到自己错了，就须回到我这里来；如果发现我犯了错，就要唤我回转，好使我们共同进入仁爱的大道，向着他的方向进发，（如经上所说）"时常寻求他的面"[14]。

如果有任何人走在了他的前面，他会敦促他们继续前行：

> 在你能力所及之处奋力前行。当我们最终抵达目的地，你无须再询问我，我也不必再询问你。我们此刻所虔心追求的，彼时必将化为

我们喜悦中分享的胜境。[15]

加尔文对奥氏思想虽然有所误读，但其内心对奥古斯丁心悦诚服，因此其情可谅。有一种关于奥古斯丁的看法要肤浅得多，但却流传甚广。这位永不止息的探索者被视为一个大罪人，一个沉溺于性爱的浪荡子。这种贬抑的看法，一部分肇因于他本人最为人熟知的那部作品的书名——*Confessiones*，英文版译为《忏悔录》（*Confessions*）。这种译法音译的成分较大，其实并未译出该词的丰富内涵，实际上，这个词可以说涵盖了奥古斯丁体证到的神学的全部。目前普遍认可的观点是，对奥古斯丁而言，*confessio* 一词有三重含义：忏悔罪行，赞美上帝，宣示忠诚[16]。但是如果打破成见，除去以上几重含义，这个词有着更为深广的内涵。从词源学的角度来说，*confiteri* 一词意味着证明、见证，即便是无生命的事物也可以充当见证者的角色——奥古斯丁的非洲同乡阿普列乌斯（Apuleius）[1]曾写道："珠宝是贵妇的见证（证

--------

① 阿普列乌斯（Apuleius Lucius，约124—170年），古罗马柏拉图派哲学家、修辞学家及作家。著有叙事散文作品《金驴记》（*The Golden Ass*），对后世影响深远。

明其身份）。"奥古斯丁本人说过，无生命的物质界也是上帝的见证。[17] 因此，奥古斯丁未必是在进行道德层面上的"忏悔"，而是在"见证"可度量的时间。[18] 因此，见证（testimony）一词反而更能涵盖书名背后的含义[19]。

该书名的词源学含义与现代英语中"忏悔"（confessions）一词的含义相差甚远。后者意指对所犯之罪的忏悔——就像真正的忏悔文学（*True Confessions* literature）作品中描述的那样，或者意指中世纪的告解。但是在奥古斯丁生活的时代，迫使罪犯忏悔的常用手段是刑讯折磨，而中世纪教堂的告解室（confessional）尚未出现。在公元4世纪，一旦受洗，基督徒们就不能再犯下重罪。即便偶一失足，也要当着教众的面公开忏悔，然后才会被教会重新接纳；但是如若再犯，就会被教会永远拒之门外。

奥古斯丁所指的不是阿尔·卡彭（Al Capone）①式的忏悔，也不是后世哪个笃信基督却做了违法勾当的小商贩在告解室里所做的那种忏悔。事实上，这个词在这里被赋予了更为宽广的含义，奥古斯丁不厌其烦地重申，他是在"见证"，这一点颇耐人寻味，因为世间万物，不

---

① 阿尔·卡彭（Al Capone, 1899—1947 年），美国黑帮教父，被称为"芝加哥王"。

管自身是否有意识，都是上帝的见证。即便是魔鬼，也通过与上帝对抗的行为见证了上帝的存在。对异教徒来说情况类似。非生命体亦称颂它们的创造者："它们的美即是它们的见证。"[20] 显然，人类以其生命的全部用同样的方式为上帝做见证。[21]

那么，奥古斯丁为何要用一个含义如此宽泛的词为这本书命名呢？我们不妨像作者本人常做的那样，到圣经里去找寻答案。他最喜爱的旧约（Jewish Scriptures）《诗篇》（the Psalms）中有云：人在宇宙间发声，见证上帝的存在。confess 和 testify 两个词在这里交替使用，同指信主之人必须向上帝献上自己的见证：

> 以色列人进入耶路撒冷，因为"他们是无罪之身"，他们自己就是"以色列的见证"。他们从何而来，因何而来？"为见证你之尊名（上帝之名），耶和华。"世上再也没有比这更为雄辩的回答了。傲慢者出妄言，谦恭者得见证。傲慢之人故作姿态，见证之人却无矫饰之心，而是毫无保留地去爱自己本来的样貌。[22]

圣经新约（Christian Scriptures）的福音书中，奥古斯丁最喜爱《约翰福音》。书中有云，圣子须见证圣父，正如圣灵见证圣子。当基督徒们因着圣灵见证三位一体的荣光，他们就被引领至三位一体奥秘的核心："当圣灵让他们在内心得见基督，他们就自发将这见证传扬开来。"[23]奥古斯丁想要说明的正是圣灵在基督徒身上所行之事：说出内心坚持的真理，即为见证。如果心口不一，就是照本宣科，而不是见证。[24]

英文的confessions一词很难传递出如此深沉的神性共鸣。有鉴于此，我把这本书的书名Confessiones权且译为奥古斯丁的《见证录》（The Testimony of Augustine）[25]。令人吃惊的新想法总要好过误导他人的老论调。

表面看来，要了解奥古斯丁并不难，其实不然。因此，从一开始就要防止被此类观点所误导。不少人认为，奥氏在归信天主教之前是一个浪荡子，归信之后仍沉迷于性，因此想当然地认为，奥氏撰写此书是在为自己的爱欲之罪进行忏悔。此类说法纯属道听途说，不过不少人信以为真，并据此在他身上安上了莫须有的罪名。其实他的性生活与其圣徒身份毫不相违，无论从哪种标准来说都并无出格之处。他与一位女子共同生活了十五年，且"只拥有这一名女子，我对她十分忠诚"<sup>[26]</sup>。依照罗马法律，这种同居伴侣关系是合法的。如果一个男人与其他人的同居伴侣有染，会被判定犯有通奸罪。当时的教会也认可这种同居关系的合法性。<sup>[27]</sup>

世人似乎更倾向于看到一个生活放荡、耽于性爱的奥古斯丁，在这种想法的诱导之下，他们添油加醋，在故事里捏造了不少性爱的主题和场景——包括他对母亲的不伦之恋，以及对挚友的同性恋情愫。有两篇文章相当著名，且援引率很高，其中就不乏这种言过其实的推论。文章作者是两位当代精神科专家，文中描述了奥古斯丁的父亲在公共浴场看到儿子赤身露体的场景。因为儿子显现出的性成熟，他不禁心生喜悦，揣想自己含饴弄孙指日可待。"我的童年消逝，"奥古斯丁慨叹，"已经在悸动中披上青春的苦闷（*inquieta adulescentia*）<sup>①</sup>。"<sup>[28]</sup>查尔斯·克林格曼博士（Dr. Charles Klingerman）认为 *inquieta*（悸动）一词暗示着奥古斯丁在沐浴中有一次勃起。R. 布伦德勒

--------

① 英文版译文为"[I was] clothed in unstable manhood"，周士良先生中译本中将该句译为"已经穿上青春的苦闷"。Unstable manhood 拉丁文原文为 *inquieta adulescentia*，*inquieta* 一词意为"悸动、不稳定"，结合本书作者对该词的释义以及上下文语境，这里译作"已经在悸动中披上青春的苦闷"。

（R. Brändle）和 W. 奈德哈特（W. Neidhart）的推测则更为大胆，认为奥古斯丁的父亲当时目睹了儿子手淫。

这些学者所做的推测显然站不住脚，主要是对以下史实缺乏了解：

1. 罗马浴场是公众聚会的地方，相较后来的"土耳其浴场"更接近于现代的大型购物中心，是不容许举止失仪的[29]。奥古斯丁主教辖区的修女们也会在固定的日子里来到公共浴场[30]。

2. 依照圣奥古斯丁的观点，在公共场合裸露生殖器只会让性欲减退（a detumescing experience）[31]，根本无法勃起，这显然更符合常情。

3. 奥古斯丁依据自己的偏好，将人生划分为六个阶段，与人类历史的六个时期和《创世记》中上帝创作的六天遥相呼应。青年期（adulescentia）是其中的第三个阶段，它于十六岁开始，三十岁结束，与我们今天所使用的"青春期"（adolescence）一词含义不尽相同[32]。

4. 奥古斯丁经常使用 inquieta（悸动）一词来描述人心的不稳定性，这一特性伴随灵魂连续不断地"抛掷重量"（pondera），将一个人推送到神的身畔。

5. 奥古斯丁在这里使用 inquieta 一词是为了描述其生

命中的这一特定时期，而不是用来描述他的阳具的。布伦德勒和奈德哈特两位博士将这个形容词用作名词，并进而得出推论：奥古斯丁的性冲动（Drang），引起了他的欲望体（Leib）。他们对文中的 *indutum*（披上）一词似乎视而不见。如果在公共浴场里赤身露体，奥古斯丁却用"披上"一词描述当时的情景，岂非怪诞。

6. 奥古斯丁在这里使用"披上"一词其实与基督教的洗礼仪式有关，在奥古斯丁的时代，新入会的教徒需要赤身裸体完全浸入水中受洗，出水时"披戴基督"（wearing Christ）[33]。"旧人"（old man）如旧衣褪去，"新人"蒙主恩典披戴基督之名。

7. "披戴"一词典出圣保罗的章句，在奥古斯丁决定归信的那一瞬间，正是这篇文字让奥古斯丁的天平偏向了天主教[34]："总要披戴（*induite*）主基督耶稣"[35]，其后不久他就在圣安波罗修（Saint Ambrose）处接受了洗礼。

8. 亚当在伊甸园里赤身露体，却并不感到羞耻，因为他的身体受造于上帝。在堕落人间之前，他虽赤裸，但披戴着（*indutamentum*）上帝的恩典（grace）[36]。当人们通过受洗披戴基督的恩典时，会重新获得这种纯真。

9. 奥古斯丁的父亲无意间投过去的一瞥，与基督徒在受洗之前为了身体的洁净完好，依照仪轨对"肉体"进行的查体（*scrutatio*）仪式恰好对应[37]。即将接受洗礼的基督徒在大斋期（Lent）苦行持斋，不得沐浴，直到圣周（Holy Week）的星期四才可以来到公共浴场为教堂里的查体仪式进行沐浴准备。

因此，为何在描述这个场景时使用"披上"一词是整段文字的关键。公共浴场里的奥古斯丁宛如堕入人间的亚当，彼时尚未披戴基督的恩典——在后来的洗礼中，在安波罗修将他浸入灵魂的汤浴之后，他将重新获得这种恩典。两帧浴池的画面恰如双折画的两面，一面透过一位父亲的俗世目光关注肉体，另一面则描绘了灵魂因得到天父的拣选而得以净化。

两位精神科专家显然曲解了这一场景的寓意。当然，鉴于不少人对奥古斯丁的神学思想并未抱持应有的严肃态度，因此这种曲解并不鲜见。我们的主教大人关心的是上帝的奥秘——恩典、圣水和救赎，"旧的亚当"和新的亚当，更深入的自我"审视"（scrutiny）和最终的天父拣选；而现代的读者们，却宁愿沉溺在对一个过于活跃的阳具的意淫之中。这为我们了解真正的奥古斯丁造成了障碍。

奥古斯丁的叙事方式象征性极强，因此很难理解。那么，他的记忆会不会被圣经文本和神学思辨层层掩埋，从而丧失了记忆本身的准确性乃至可信度呢？皮埃尔·库赛尔（Pierre Courcelle）曾经撰写一本专著，对奥古斯丁如何阐释圣经中的象征、隐喻进行了深入的讨论。该书堪称里程碑式的著作，但却并未获得足够的重视，原因正在于读者的怀疑心理。事实上，这种怀疑态度并不足取，主要有两个原因：

首先，浸润在上帝的恩典之中，奥古斯丁通过回忆真挚地重历了人生，尽管后知后觉，但对他而言，每一段回忆都是上帝存在的见证，都是他对过往经历的最真实的记录。否认这一点，就等同于否认他对刚刚开始了解的生命所抱持的赤子之心。

其次，如果我们在阅读《见证录》时不仅仅停留在人物传记的层面，而是契合神学的语境，真正接受并理解作者的语言，就能够更为深入地还原主人公过往生活的真实样貌。与其他一些传记作家的观点不同，我认为，当奥古斯丁谈及他生命中的女人，以及两人共同生养的儿子时，他并不只是在回忆。当他细述过往之罪，凡关涉两人之处也有其言外之意。写出一本详陈细节的自传并不是奥古斯丁创作这本书的初衷，尽管他无心插柳做到了这一点。在《见证录》文字的背后，隐藏着奥古斯丁前半生的故事，在书写本书的过程中，我将循迹索骥。

第一章

## 非洲 （354—383 年）

# 一　塔加斯特（354—366年）

自孩提时代起，奥古斯丁所熟悉的就是山峦而不是海洋。他出生于北非的塔加斯特（Thagaste，今名桑克阿哈拉［Souk Ahras］），该城距离地中海六十英里，不远处的迈杰尔达（Medjerda）山脉竖起屏障与海分隔。南面更远处的奥雷斯（Aures）山脉隔开了撒哈拉沙漠。作为上帝永恒存在和《约翰福音》中天国阶梯象征的山峦，将成为他心灵图景中永远不可分割的一部分。但是关于大海，他只能凭借想象。多年以后，一位来自家乡的朋友问他，如何才能"记住"从未经历的事情，他坦承一个没有吃过草莓的人不可能回忆起草莓的味道，但是带有边界的一片水域和触手可及的一个水杯是何其相似[1]。因此当奥古斯丁初读《埃涅阿斯纪》时，维吉尔笔下的英雄埃涅阿斯不啻在一个水杯里与暴风雨搏斗。这就是他降生的狭小天地。

努米底亚（Numidia）①当时是罗马帝国的一部分，

---

①　北非古国，罗马共和国和帝国时代非洲撒哈拉沙漠以北部分地区的名称，位于今阿尔及利亚东北部与突尼斯毗邻部分。

帝国的印记在奥古斯丁生长的环境里随处可见——笔直的甬石街道、高架引水渠和人满为患的椭圆形露天竞技场。沿着它的北部边境，"原始蛮夷"的入侵和宗教战争滋扰着帝国的安宁（因阿里乌主义①而起的大大小小的战事，上至宗教圣战，下至流民滋事）。不过身处帝国南端的努米底亚却一派祥和景象。作为罗马帝国的粮仓，这里与沙漠游牧部族之间隔着一条长长的沟渠（Fossa）。正如哈德良长城（Hadrian's Wall）在帝国最北端所起的作用一样，沟渠形成了帝国南端的边界线。和他的父母一样，奥古斯丁深信罗马秩序是永恒的。对于这个在他看来神天眷顾的政权的覆灭，从感情上他始终无法接受。要知道，罗马在公元313年就已经开始奉行基督教。而在他七十六岁弥留之际，同样信仰基督教的西哥特人（Visigoths）却剑拔弩张，围攻希波城。

奥古斯丁生于公元354年，当时的塔加斯特已经是天主教的天下，但在他母亲的少女时代，这座城市一度被多纳徒派（因他们的领袖多纳徒斯［Donatus］命名）控制。罗马皇帝戴克里先（Diocletian）曾经针对

---

① 基督教的一种异端。最初由4世纪亚历山大教会长老阿里乌提出，反对基督教三位一体的教义，宣称基督是受造者，并没有真正的神性。

基督徒发动一次大迫害，而这些信奉苦行的多纳徒派教众对在大迫害中以身殉道的圣徒顶礼膜拜，对在这次迫害中妥协的叛教者痛加鞭挞[2]。研究多纳徒派的历史学家 W.H.C. 弗伦德（W. H. C. Frend）认为，奥古斯丁信仰天主教的母亲是在多纳徒派的氛围中长大的。她的名字是柏柏尔（Berber）式的，其书面拼写形式是莫妮卡（Monica），这是多纳徒派信徒中很常见的一个名字。该名字源自古代利比亚的蒙神（Mon），附近的希比里斯人（Thibilis）仍然崇拜这位女神。像大多数非洲多纳徒派教徒一样，莫妮卡对朝觐殉道者圣陵充满了热忱。奥古斯丁给儿子起名为 Godsend（拉丁语为 Adeodatus，阿迪奥达图斯，意为"由上帝所赐"），就这一点而言，他无疑遵从了柏柏尔人的传统。奥古斯丁本人并未学习过柏柏尔语，在他的国家，这是体力劳动者才使用的语言。因此，他的父母和把他带大的家奴对他只说拉丁语。他的父亲在地方政府里担任小吏，而他，迟早也是要在罗马人的政权里谋个一官半职的。

奥古斯丁的父亲帕特里克（Patrick，即帕特里丘[Patricius]）身居"要"职——他是一位十夫长，作为城市议会的一员负责征税。这位父亲并不信奉基督。奥古斯丁称他只拥有几亩薄田（*tenuis*）[3]，但他所在阶层的生活也约略就是这幅光景。正如帝国的历史学家 A.H.M. 琼斯（A. H. M. Jones）所写："没有哪位十夫长对自己的生活毫无怨言。"受职责所累，他们被禁锢在自己的土地上，子孙亦然——奥古斯丁成为主教后，变卖了自己继承的田产，才得以逃脱这种生活的束缚[4]。帕特里克的葡萄园由奴隶们耕种，其中一个奴隶被选作书童，专门陪伴奥古斯丁上学[5]。

关于十一二岁之前的生活，奥古斯丁只字未提，其后，他在书童的陪伴下来到邻近的市镇上中学。但是，从他留下的文字中，我们还是可以觅得那个眼睛明亮、善于观察的少年的影子。当时，马赛克镶嵌画是受罗马帝国统辖的非洲地区的主要艺术形式——奥古斯丁曾经提到，他在塔加斯特城内的保护人罗马尼阿努（Romanian）就收藏有大量的马赛克艺术品。这些马赛克镶嵌画一定为他后来对宇宙秩序的认知提供了某种原型。

如果一个人盯着一段图案复杂的马赛克路面，却只看到了一个个的小方块（*tesserae*），他会误认为这位艺术家缺乏构思，不过是信手将这些小方块拼在了一处，实际上一幅美丽的图画正镶嵌其间，只不过此人未能窥见其中的奥秘罢了。[6]

七十多岁时，奥古斯丁仍然喜欢用鉴赏马赛克镶嵌画那样的方式去解读神圣的秩序："秩序安排万有，相似的或各异的，使它们各得其所。"[7]

奥古斯丁讨厌上学，他总是逃学去看斗兽表演，比如到罗马尼阿努的宅院里去看斗熊表演，或是到迦太基附近一个装饰有漂亮的马赛克镶嵌画的竞技场里去看斗鸡表演。晚年的奥古斯丁非常反对斗兽场里的表演，但年轻时代对这种血淋淋的竞技表演的嗜好在他身上留下了深刻烙印。即将接受洗礼前，他还这样写道：

我们看着斗鸡磨着它的喙走上战场。我们必须睁大双眼，用这爱的双眼仔细搜寻，不漏过任何一方天地，希望循迹找到逻辑背后隐藏的美妙规律，这规律鸟瞰并驱动世间万物（不管它们是否意识得到）。无论它何时召唤，这规律的遵从者竟都当下回应？它的讯息源于一切事物之外，也源于一切事物之内。比如这些斗鸡：它们探头向前冲向对手，它们立起的鸡冠、勇猛的攻击、熟练的防卫，完全不过出于无意识的动物的本能，然而每一个动作都是那么灵活，只因有一种更为高级的智慧正在通过它们而运行，这使得万物秩序井然。最后，胜利者享受它的权利——欣喜若狂的啼鸣，因为骄傲的力量而全身紧绷；而失败者自有其仪式——双翅下垂，步履歪斜，声音喑哑。因为合乎自然之道，一切都恰如其分得令人称奇，真是美不胜收。[8]

十多年后，他又写道：我不再到斗兽场去看猎犬逐杀野兔。但是如果我偶然在野外看到类似的场景，那只猎犬会立刻吸引我的目光，让我心猿意马，无法专注在所要做的重要的事情上。它羁绊的不是我胯下的马，而是我需要屏气凝神的心。[9]

塔加斯特并不临海，也没有可供通航的运河，但是作为陆路交通的枢纽，街市上不仅可以见到来自沙漠部落的柏柏尔人，还可以遇见非洲先民腓尼基人的后裔闪米特人[10]。令人由衷赞叹的是，上帝只是用眼睛、鼻子、嘴巴这么几样器官，加上少许变化，就能造出形色各异的人。但要到多年以后，奥古斯丁才能真正体味到这造化之功的伟大。像其他的地中海居民一样，塔加斯特人总是避开正午的毒日，在夜晚才外出游荡欢宴。奥古斯丁写到，十六岁时，每当暮色降临，他和伙伴们就开始在街市上闲逛，到处寻衅滋事，至于最过分的恶作剧，则要到后半夜才会上演[11]。当然，这些都是他从马都拉（Madauros）返回塔加斯特之后的事了。


## 二　马都拉（366—370年）

奥古斯丁在《见证录》第一卷中记录了他的中学生活，但写到第二卷时才第一次提到他读中学时所在的城市，不少读者因此误以为他的中学时代是在塔加斯特度过的。在第一卷中，他提到维吉尔课和希腊语课两门课程不及格——这两门课都是文法学校的科目。奥古斯丁应该是十一二岁时进入文法学校学习，十六岁时毕业，由此，也可以推算出他从马都拉返回故乡的时间[12]。

从马都拉[13]到塔加斯特的直线距离仅有十六英里，

但就像努米底亚内陆的大部分旅途一样，两座城市之间的道路异常崎岖。你必须涉入迈杰尔达河谷，然后再爬上中部平原——在这片平原上，小麦田和大麦田连绵相接、麦浪起伏，组成了罗马帝国的粮仓[14]。令马都拉人引以为荣的是，尽管位于落后的内陆地区，马都拉却不啻为一座精美的城市。该城的下层贫民几乎都是多纳徒派信徒。他们喜欢用殉教者的名字为自己命名，比如米金、希那曼、南弗诺等，借此传递对圣徒的狂热崇拜，但同时也因为这些名字的粗疏鄙陋而遭到受过教育的上流阶层的嘲笑和讥讽[15]。此外，异教信仰的神像在公共场所仍在供奉。如果说，3世纪时伟大的演说家圣西普里安（Saint Cyprian）曾经是非洲的基督徒们交口称赞的对象，那么，让马都拉人引以为傲的则是他们2世纪时的同乡小说家阿普列乌斯，其文字诙谐俏皮，写有《金驴记》一书。

考古发现显示，当时异教信仰在马都拉仍然相当盛行。该城一度因朱利安（Julian）皇帝的统治而繁荣，这位皇帝是新异教教徒（neopagan），而且在奥古斯丁来此就学的三年前才刚刚驾崩[16]。尽管自313年康斯坦丁大帝颁布宽容令（decree of toleration）以来帝国一直尊奉基督教，朱利安的统治时间也很短（361—363年），但异教的活动场所和神职人员仍然存在，奥古斯丁在塔加斯特的朋友兼保护人罗马尼阿努，就是一位异教的"神父"（flamen，古罗马的祭司）。当时的年轻人若想接受教育，并期待有一天出人头地，就必须研读异教典籍。后来，奥古斯丁表达了对当年境遇的不满，但对他的父母来说，这不过是最自然的一种安排罢了。于是，各种宗教情感在这里熔于一炉，从而催生出一片奇妙的天地。历史学家阿诺尔多·莫米格力阿诺（Arnoldo Momigliano）这样描写："亚当和夏娃以及他们的后代（依圣经记载），不知何故出现在丢卡利翁（Deucalion）、卡德摩斯（Cadmus）、罗穆卢斯（Romulus）以及亚历山大大帝（Alexander the Great）的世界里，并与他们杂居一处。"不过，在多数人眼里，这团宗教与神话的乱麻就没有被理清过。奥古斯丁担任主教后，有时不得不申饬门下的一些教众，因为他们实在是口无遮拦："我不就是时常拜拜神，或者找个预言家或算命的问问吉凶嘛，我又不是要脱离教会——我可是个天主教徒！"[17]

奥古斯丁后来对父母和老师当年的做法表示批评，且言辞激烈，认为他们不该将年少无知的他引入异教神话和诗歌的世界里去。但在其激烈言辞的背后，我们应该看到，奥古斯丁真正反对的不过是当时的文化乱象罢了。他如饥似渴地阅读着，"我读得爱不释手，可怜地醉心于这些文字"[18]。这些文字描述的神话故事动人心魄，他不仅要大声地朗读，有时还要扮演其中的角色——在一次公开演出中，他被安排扮演女神朱诺（Juno）的角色，并大声诵读由他自己改编的台词。故事的场景虽然是虚构的，但他必须如身临其境般表达出女神的激情。

其实对奥古斯丁而言，没有比这更高的真实了。他热爱维吉尔，在《上帝之城》中，他这样写道：

> 在稚龄的头脑中烙下的他的印记令人终生难忘，正如贺拉斯的诗句所说：
> 新的容器最初盛放的酒 / 将在很久以后还散发它的芳香。[19]

读到黛多（Dido）被埃涅阿斯抛弃时，同为非洲人的奥古斯丁感同身受——被送往马都拉时，他也曾感到被父母抛弃。逃避希腊语课受罚挨揍时，他也曾如黛多一般，向着老师发出复仇的呼号："复仇的怒火从我的骨灰中燃起。"[20]少年奥古斯丁满怀热忱，一头扑进维吉尔的神话天地，他确信自己是一名异教徒，至少，他从一位异教徒朋友的身上找到了这种归属感。这位朋友是他在马都拉求学期间认识的，比他年纪稍长且见多识广。奥古斯丁归信天主教之后，这位朋友曾修书一封，批评他也落入了盲目效忠的俗套，与多纳徒派对米金和南弗诺这些基督教殉教者的盲目效忠没有什么两样。

这位朋友名叫马克西穆斯（Maximus），他写给奥古斯丁的信目前只有一封被发现，同时存世的还有奥古斯丁的回信。从信中可以看出，他们之前一直有书信来往，之后（极有可能）亦未中断。两人之间用的是熟谙的玩笑口吻。马克西穆斯请求奥古斯丁不要再摆弄令人眩晕的文学辞令了，而是要展开严肃的讨论：

> 像往常一样渴望得到你的来信——渴望你的文字带来的活力，正如不久前你给予我的那样，一连串令人愉快的重拳，每一拳都出自仁爱——我并非不想以同样的方式作答。[21]

马克西穆斯认为，纵情声色的诸神比甘愿为信仰而死的人类更令人敬仰。对此，奥古斯丁大为吃惊，宁愿相信这不过是玩笑话：

> 我们是在严肃地讨论，还是不过在开玩笑？从您来信的口吻中，我判断不了。您妙语如珠，却顾左右而言他，是因为您的论点本身站不住脚，还是因为您，就像往常一样，太过谦和平易了？[22]

难道马克西穆斯没有意识到他也是个非洲人吗？

> 您怎么能够忘了您是谁，一个和非洲人说话的非洲人（我们两个都在非洲，不是吗？），您却认为腓尼基人的名字粗鄙可笑？

奥古斯丁分不清柏柏尔人和腓尼基人的语言，因此误以为他母亲的名字和黛多这个名字一样，都是腓尼基语的名字。在对马克西穆斯的声讨之中，他对祖国的赤子之爱油然升起：

如果腓尼基人的语言触犯了您，而且您否认腓尼基文献中存在的智慧，那么您一定也以您的出生地为耻，因为它正是这种语言的摇篮。

奥古斯丁尊称马克西穆斯为他的师长。他是一名老师，还是一位可信赖的长者？不过，不管其身份究竟如何，他的影响力都足以感召奥古斯丁投身于他所在的宗教阵营。毋庸置疑，奥古斯丁浸淫异教文学颇深，由此也就不难理解，为何后来他会对当年的引路人痛加斥责。他深谙这些异教诗人的力量——他们曾经使他沦为一名异教徒。

在马都拉，奥古斯丁身边仅有一名书童随侍，日子过得随心所欲。他向书童、老师、父母扯谎，逃学去斗兽场看表演[23]。不得不上学的日子里，他对高高举起的鞭子、鞭子背后的父母，以及所有这一套背后的陈词滥调心怀不满。要不是鞭子，他才不去学什么希腊语呢——不是学不会，而是不愿意在威逼下学习。

他很快掌握了拉丁语，因为"他的心努力地想要表达自己"。但是对于希腊语，他的"无拘无束的求知欲"被"威逼之下的课业"[24]套上了锁链。后来，他毫不掩饰地忏悔了自己的固执己见，然而，对于这个经受了一次次鞭笞仍然骄傲反抗的少年，他的昔日同窗一定心生仰慕。在奥古斯丁后来的生涯里，不通希腊文成了一种严重的缺陷，只不过，他将这个缺陷努力内化为某种优势，他深刻的创见就部分源于这种不依赖于其他文化传统的独立性。

## 三　塔加斯特（370—371 年）

正如前文提到过的，当奥古斯丁从马都拉的学校返回家乡的时候，他步入了生命中的另一个阶段（十六岁到三十岁），罗马人称之为"青年期"（*adulescentia*）。他原本应该在修辞学方面继续深造，但他的父亲没能攒够学费供他到迦太基就学。因此，他的十六岁是在自己的故乡度过的。在这重要的一年里，奥古斯丁初涉性事，他的父亲确信儿子已长大成人，而他的母亲则告诫他勿近女色。当然，在这一点上，他的母亲并不古板，她希望儿子能够守住童子之身，但也说过至少不要与有夫之妇有染之类的话[25]。

令人费解的是，《见证录》第二卷对于这段性欲勃发的时期着墨不多，他着力忏悔的似乎不过是偷了几只梨子而已——事实上该卷超过一半的篇幅就是对偷梨事件的分析和反省。为什么要花费如此多的笔墨，来描述一桩大多数人都不会在意的小偷小摸呢？

对奥古斯丁来说，此事绝非表面看来那么简单。事实上，他之前也曾从家里的橱柜里偷取食物，用来贿赂别的孩子，以便能够和他们一起玩儿，但在《见证录》中只是一笔带过[26]。偷拿食物一事有着明确的动机，而偷梨一事似乎没有任何动机。他特意指出，他完全可以合理合法地（从罗马尼阿努家里）拿到更多更好的梨。偷这些梨显然不是为了解馋，实际上也没有其他用处。他和同伙们劫掠一番之后，用推车把偷来的梨一股脑倒在了猪圈里。他们意欲何为？经过一次比一次更加深入的思考，奥古斯丁发现，这件明显于己无益的事（*acte gratuit*）之所以发生，其背后真正的动机，也许"不过是想做被禁止的事罢了"[27]。

在学校里，奥古斯丁曾经接触一种观点，他当时感到非常新鲜，便尝试着用来解释这件事，但发现结论并不完全令人信服。奥古斯丁当时刚刚学完文法课，文法课教材的作者中有四位最富权威，萨卢斯特（Sallust）就是其中之一，他因写过描述非洲战事的专著《朱古达战争》（*The Jugurthine War*）备受非洲人的喜爱。在他的另外一本书《喀提林阴谋》（*The Conspiracy of Catiline*）中，萨卢斯特写道，喀提林带着一伙年轻人干些毫无意义的违法勾当，仅仅因为他们"不过是坏"而已 [28]。

但是奥古斯丁记得，萨卢斯特同时又自相矛盾地指出，这种"漫无目的"的犯罪其实还是有一个目的的。他们不时演练，"避免身心懈怠"。这些琐碎的下意识的行动就像是一位钢琴家的指法练习。对于喀提林而言，它们就像是上演一首宏大的协奏曲之前所做的准备，终有一天，他会作一惊天大案，那就是试图将罗马共和国窃入囊中。

在奥古斯丁与他的同伙们的劣行中，有没有与之相似的地方呢？如果没有，奥古斯丁就不得不承认，人类可以仅仅是为恶而恶。在撰写《见证录》的时候，他留意到人们在追求善的过程中往往做下恶事。不过偷梨之举既愚蠢又卑劣，其中又怎么可能藏有善因呢？他罗列了导致犯罪的各种原因。有人怀疑，奥古斯丁对冒险偷梨的行为之所以嫌恶，背后一定与性欲有关，但他们忽视了奥古斯丁自己的说法，如果这种行为与性欲有关，他也就没必要花费这么多笔墨了：

　　物质之美（金银以及其他）都有其动人之处；肉体接触的快感和其他类似的感官的影响主要源于一种同情心。荣华、权势、地位都有一种光耀，从此便产生了征服的饥渴。但为获致这一切，不应该脱离你，违反你的法律。我们赖以生存于此世的生命，由于它另有一种美，而且和其他一切（次要的）美相配合，也有它的吸引力。人与人的友谊，把多数人的心灵结合在一起，由于这种可贵的联系，是温柔甜蜜的。

　　对于上述一切以及其他类似的东西的漫无节制的向往，为追求这些次要的美好而抛弃了更美好的，抛弃了至善，抛弃了你，我们的主、天主，抛弃了你的真理和你的法律，便犯下了罪……

　　如果追究以下犯罪的原因，一般都以为是为了追求或害怕丧失上文所谓次要的美好。这些东西的确有其美丽动人之处，虽则和天上的美好一比较，就显得微贱不足道。一人杀了人。

为何杀人？因为贪恋人家的妻子或财产；或是为了生活而偷东西，或是害怕他人抢走自己的东西；或是受了损害愤而报复。是否会没有理由而杀人，欢喜杀人而杀人？谁会相信？[29]

为了在其恶行中尽可能地寻到一些善因，奥古斯丁不断追问，最终找到了一点线索：不管他出于何种动机参与了这伙人的恶行，他绝不会独自一人做出同样的恶事。从这个角度来看，这桩恶行里似乎也隐藏着一些美好的因子。他找到了一个在心理学上与之类比的例子，来帮助自己解释此事。人们通常不会独自发笑，除非是和同伴一起——或者，如柏格森（Bergson）所说，一个人如果独自发笑，那一定是想到了和其他人在一起的时光[30]。笑就其本质而言是社会性的。友伴（consortium）是一种善，与大笑这种跟道德无关的行为不同。这会不会就是藏在他那不合逻辑的偷窃行为背后的一点点美好呢？是的，他总结道：在偷窃中，我的同伙们相互挑衅，这种摩擦如导火索般激起了我也要如此行事的欲望。[31]

偷窃显然不对，即便是窃贼也不愿意自己被盗。奥古斯丁以此入手展开讨论，然后花费了不少笔墨讨论这种恶中的美好，这种同伴之情作为纽带甚至足以把强盗团伙紧紧团结在一起，盗贼们会坚持将抢来的"所得"在团伙内公平地分配[32]。在奥古斯丁看来，友伴和友爱[33]是最核心的价值。在此后的日子里，他会因为与异教徒朋友们的交情走更多的弯路。他会把友爱确立为所有基督徒团体存在的基础。他甚至对西塞罗（Cicero）关于国家的定义提出异议，他说，所有政治的基础是人们"共同爱护的事物"（things *loved* in common），而不是抽象的公义。因此他在梨园里所犯下的看似漫无目的的行为背后，有着某种孕育于恶行之中的美好，那就是对同伴永不止息的爱。依照摩尼教的说法，恶是一种确定的存在（但有摆脱的可能），然而奥古斯丁并不认同摩尼教的说法，而是选择凭借自己的思考去寻找内心的答案。

讨论并未到此结束。《见证录》中提到的这桩"最初之罪"（first sin）与亚当在伊甸园中的堕落之罪似乎有着某种类比关系。尽管这群狐朋狗友从果园中拉走了"一大车"（*onera ingentia*）梨，但奥古斯丁落笔之处却只提到了"一棵树"——很像伊甸园中的那棵苹果树。他不厌其烦地描述这些梨子并不美丽，与伊甸园中那棵"悦人眼目"[34]的树恰成对照。但是我认为，还有一个关键性的隐喻没有得到人们的重视。《创世记》中，夏娃因蛇的诱骗而堕落，但是圣保罗的《提摩太前书》中说，"不是亚当被引诱"[35]。如果亚当本无意偷尝善恶树之果，同时也未被任何一种力量诱惑，那他为什么要认下这原罪？亚当所面对的问题，和奥古斯丁在那座小小果园里面对的问题其实同出一辙。

按照他对《创世记》故事的理解，奥古斯丁认为，亚当犯下原罪可谓明知故犯，其目的是为了保持与夏娃的"伴侣关系"[36]。《见证录》完成之后，奥氏接着写了《创世记字解》（*First Meanings in Genesis*）一书，书中对亚当因要向妻子示好而犯下的罪这样描述：

> 夏娃吃了禁果并将果子递与他同食，念及拒绝会令她难过，从此心不与他一处，并因而死别，亚当不愿令她失望。支配他的并非扰乱人心的肉欲，使人灵肉不一的情欲此时他尚未经历，支配他的是唯愿另外一人安好（*amicali quadam benivolentia*）的善念。为了不得罪友伴，我们便常背离上帝做下恶事来。[37]

在奥古斯丁看来，亚当试图从爱的源头（the Source of Love，指上帝）分流出一种次一等的爱（a lower love），但是此举无论对夏娃还是对他自己来说都有害无益。这就是奥古斯丁从自己在梨园里煞费心机博取友伴之爱的行为中得到的教训。从中，他辨识出自己所犯之罪，与亚当所犯原罪之间遥远的共鸣，两者皆出自对爱的追随，却都背道而驰，背离了爱之所在。

《创世记》故事蕴含在《见证录》一书中，并通过奥古斯丁对自己过往经历的叙述变得鲜活起来，带给作者不断的惊喜。奥古斯丁的父亲在公共浴场中窥见儿子性成熟的那一节就是一例，当时被儿子"披戴"上身的其实是亚当的耻辱。这样的例子还反复出现在这本书的其他重要章节里，比如朋友之死以及他在奥斯蒂亚（Ostia）与母亲莫妮卡一起祈祷的章节。整本书里都有《创世记》的影子。

奥古斯丁十六岁时初尝禁果，关于此事的记述始于《见证录》第二卷第六节，不过该章的重点是那片梨园，对此事只是一笔带过。在第三卷的开头，以抵达迦太基的时间为坐标，奥古斯丁开始重新记录自己的性爱经历，但正如奥唐奈所说，这段叙述相当"简略"[38]。在同一卷里，他第一次提到了与他同居的女子。奥唐奈根据奥古斯丁儿子的年龄得出了一个有趣的推论：

> 阿迪奥达图斯于 387 年春接受洗礼（约十五岁）……其后不久，也就是《论教师》中描述的那个戏剧性的日子前后，他十六岁；以此推算，这个孩子大约生于 371 或 372 年，甚至 370 年，当时奥古斯丁十七岁左右……极有可能是他初到迦太基求学的那几年里，亦有可能是在第二卷第三章第五节到第六节里记录的那段游手好闲的日子里（他那抱孙子心切的父亲帕特里丘倒确实没有等太长时间）。385—386 年间，阿迪奥达图斯的母亲被迫离开米兰返回非洲……因此陪伴他度过了他的整个青年期（*adulescentia*）。[39]

我将引文中关于塔加斯特的内容着重标出是为了提醒读者的注意。如果奥古斯丁在十六七岁时就有了儿子，那么，他一定是早在家乡，或者是初到迦太基时就结识了孩子的母亲。他们之间绝非泛泛的"一夜情"。他谈及失去她时撕心裂肺般的痛苦，以及共同生活的十五年里他如何忠实于她，"我枕边唯有她一人，对她我始终如一"[40]。没有人知道她的名字，方便起见，我暂且称她为尤娜[41]。资料显示，尤娜是一位天主教徒。比起迦太基，在塔加斯特有更多人信奉天主教。另外，在第三卷第五章中，有一段令人费解的记述，如果将尤娜与塔加斯特城联系在一起，这段话就显得更加耐人寻味。奥古斯丁写道，他犯了一桩不可宽宥的大罪，在教堂的仪式中，"渴望并办成了一件可能会带来杀身之祸的事情（*negotium*）"[42]。关于此事，他只提了这么一句。至于究竟发生了什么，人们众说纷纭，有人甚至危言耸听到认为奥古斯丁在宗教仪式中交媾的地步。对此，学界也不乏奇谈怪论。彼得·布朗（Peter Brown）认为，作为一名初到迦太基的异乡客，奥古斯丁在教堂里闲逛是为了"找女人"[43]。而奥唐奈认为，此事起码说明奥古斯丁在迦太基时仍然会去教堂[44]。但是在4世纪的非洲，一个初来乍到的人进入一所教堂"随便逛逛"是不可能的。教会的大门紧锁，只会对教众开放（主要是为了将街面上那些多纳徒派分裂分子拒之门外）。在教堂的礼拜仪式中，准备加入教会的慕道友们（catechumens）只能待在指定的区域，而受洗的教众必须遵守公共道德规范，否则就会遭到驱逐。如果说，奥古斯丁所谈论的事件发生在塔加斯特他母亲所属的教堂里，倒不失为一种可信的说法，他当时毕竟是一位慕道友。不过不管实情如何，这件事都应该与尤娜有关。

如果只是与一个女人"搭讪"（向她提出约会），用"杀身之祸"这样的词来形容是否有些危言耸听？他说办成了"一件事"，这是很有意思的一种说法，似乎暗示着他与尤娜之间达成了某种"约定"（*pactum*）[45]。当时在教堂里，他是想劝说尤娜搬来与他同居吗？还是怂恿她一起私奔到迦太基去？或是她之前曾经试着提出分手，此刻想劝她回心转意？他难道竟是想要劝她堕胎？后来他曾提到两人本无意要这个孩子，至少他当时并不想要[46]。

这几种猜测显然要合理得多。如果奥古斯丁对尤娜果然做出此等事来，那么用"杀身之祸"这样的词来形容也就不足为奇了。他的邀约不仅意味着这名女子将会与之陷入同居关系，而且意味着她只能与所属的教会决裂（此外，毫无疑问，还意味着背弃她信仰天主教的父母）。后来，因为劝说过一位亲密的朋友放弃天主教信仰，奥古斯丁为此痛心疾首。尽管罗马公教承认某些同居关系的合法性，但是依照奥古斯丁的说法，他们之间的关系却并不属于这样一种结合[47]，因为他们不打算生儿育女。生了第一个孩子之后他们未再生育，根据他自己的暗示，奥古斯丁显然是在违背她意愿的情况下采取了避孕措施。

在奥古斯丁和尤娜其后的同居生活中，就生育子女的问题而言，尤娜是诚实的，而奥古斯丁是不诚实的。显而易见，这种状况是后来成为主教大人的奥古斯丁造成的。

> 如果一个男人和一个女人同居了一段时间，然后在遇到另外一个地位更高、财产更多的女人时就将她抛弃了，他就在内心里犯下了通奸罪，不是对于那个他要迎娶的，而是对于那个曾与他同居的，尽管他们并无婚姻的约定——如果她只忠诚于他一人[48]，并未与他人有染，这通奸之罪名是与她无涉的……事实上，她比许多已婚的母亲做得更好，在性事中她做了所能做的，期望生儿育女，但又不得不违背心意屈从于避孕。[49]

在奥唐奈看来，这段话也许多少道出了尤娜及其家人的心声。

奥古斯丁十六岁在家乡的那一年充满了戏剧性。一位富有影响力的朋友出现了，他就是塔加斯特城的千万富翁罗马尼阿努[50]。一段友情自此拉开帷幕，尽管最后以决裂告终，但延续的时间却比奥古斯丁和尤娜共度的时光还要长[51]。在《见证录》中，奥古斯丁赞扬他的父亲，为了让他能够在迦太基继续深造而努力攒钱。但是在更早写成的《驳怀疑论者》(*Answer to Skeptics*)一文中，他明确说明，一经结识，罗马尼阿努就承担起了资助他深造的责任。

> 年轻时的我囊中羞涩，却准备到外地深造，您向我敞开了大门，您的宅院(*domus*)、您的财富(*sumptus*)，以及比这些都更宝贵的您的心(*animus*)。当我丧父失怙，您用您的爱护、鼓励和资助填补了我的缺憾。[52]

奥古斯丁唯一可能与他的保护人有交集并建立起亲密友谊的时段，就是他从马都拉返回后的那段闲暇时间，之后他就赴迦太基深造了。罗马尼阿努将名下的大片田产交给奥古斯丁管理。正是在那里，而不是自己的家里，他与尤娜相遇并坠入爱河，并由此发展出一段恋情。罗马尼阿努醉心于知识，他的图书馆让奥古斯丁深深着迷。

按照罗马尼阿努的安排，奥古斯丁最终需要回到塔加斯特教书，特别是担任他的儿子们的家庭老师。因此，奥古斯丁扮演过这些年轻男孩的启蒙老师的角色。当奥古斯丁在《见证录》中写到，比起那些偷来的梨他完全可以随时得到"更多更好的梨"时，他指的应该就是在罗马尼阿努的果园里。他确实提到过他父亲拥有一个葡萄园[53]，但显然不是书中的果园。鉴于他与罗马尼阿努的交情，趁着夜色到一个贫瘠的果园里偷窃的行为就显得更为荒唐。白天，他是一个被城里的保护人另眼相看的天才少年，夜晚，他却急于变身为一个小贼浪荡街头。在迦太基，奥古斯丁的身上同样可以看到这种内心冲突，他一边和城里的"捣乱分子"（Eversores）厮混，一边为了早日毕业而刻苦读书。作为人性之矛盾的观察者，奥古斯丁一直就是他自己最好的观察对象。

## 四　迦太基（371—374 年）

　　《见证录》第三卷开篇第一句颇为著名，句中的两个词迦太基和鼎镬可谓语义双关[54]："我来到了迦太基

（*Carthago*），周围沸腾着、震响着恋爱的鼎镬（*sartago*）。"这句话常被解读为奥古斯丁放浪生涯的开始。不过此时他已经与尤娜相遇，并在十七岁时就有了儿子，这段放浪生涯即便有也只会非常短暂。现在重读这段话，与其说它描述的是一段荒唐岁月，倒不如说它描述了一个大学生乱作一团的生活。一个不期而至的孩子，加上一位并不愿屈从于这种关系的性伴侣，这样的生活，远不是唐璜（Don Juan）回忆中的那般风流快活，反而与哲罗姆（Jerome）笔下勾勒出的婚姻生活更为类似——"膨胀的子宫，折磨人的妒忌，勒紧的钱袋"[55]：

> 我把肉欲的垢秽玷污了友谊的清泉，把肉情的阴霾掩盖了友谊的光辉；我虽如此丑陋，放荡，但由于满腹蕴藏着浮华的意念，还竭力装点出温文尔雅的态度。我冲向爱，甘愿成为爱的俘虏。我的天主、我的慈爱，你的慈祥在我所认为甜蜜的滋味中撒上了多少苦胆。我得到了爱，我神秘地戴上了享受的桎梏，高兴地戴上了苦难的枷锁，为了担受猜忌、怀疑、愤恨、争吵等烧红的铁鞭的鞭打。[56]

奥古斯丁忏悔说他玷污了友谊（*amicitia*）。丽贝卡·韦斯特（Rebecca West）由此推断奥古斯丁与一位朋友（*amicus*）有同性恋行为。但是 *amicitia* 一词本身也可以用来表示异性之间的情感。"友谊"（*amicitia*）一词源于动词"爱"（*amo*），奥古斯丁就曾将亚当和夏娃堕落之前的关系描述为一种仁慈的爱（*amicalis*）。他多次引用西塞罗的观点，将爱定义为"神性与人性在仁爱中的合一"[57]。

奥古斯丁承认，当时的他并不懂什么是真正的爱，而只不过是"爱上爱的感觉"罢了。因此给人留下了不专情的印象[58]。但是他真正想要表达的是，如果将上帝封缄在外，真爱就不会存在——即便是他在卷四中所描述的那份对朋友的深情厚爱。对于一名热恋中的少年，满心里"爱上爱的感觉"并没有什么可羞耻的。然而，上帝就是爱，因此，"爱上帝的人爱上爱本身"[59]。在与尤娜那段持续多年、充满罪孽的关系中，奥古斯丁玷污的正是这种理想的真爱。

迦太基港商贾云集。罗马尼阿努将自己在此地结识的不少朋友介绍给奥古斯丁。这位年轻人踌躇满志，渴望一飞冲天，然而时隔不久，他的雄心壮志就被一个孩子的意外降生束缚住了。他尚未成年，渴望无拘无束的冒险，却被迫承担起了生活的重担。奥古斯丁后来对自己当年表现出来的怯懦表示了忏悔。他的狐朋狗友们闯入教室，嘲笑他过着被人摆布的生活，从而在他身上激起对堕落的向往：

> 他们用轻蔑（甚至邪恶）的口吻称呼自己为"捣乱分子"，以此标榜自己的放肆无忌。我与他们交往，但自愧不能如他们一般无耻——我不参与他们的抢劫，但确实涉足了他们的圈子，并在那里有了一些朋友。[60]

尽管并不欢迎儿子的到来，但随着朝夕相处，奥古斯丁越来越被"上帝所赐"（阿迪奥达图斯），这个强行霸占了他注意力的小婴儿所吸引。正如他自己所说，《见证录》中那段关于自己婴儿时期的著名描述，就是建立在别人的口述，以及对儿子的观察基础之上的。尤其是对后者的观察。

> 稍后我开始笑了，先是睡着笑，接着醒时

也会笑。这些都是别人告诉我的，我相信，因为我看见其他婴孩也如此，但对于我自己的这些情况，一点也记不起来……照我所观察到的，小孩都是如此，他们虽则不识不知，但比养育我的、有意识的人们更能告诉我孩提时的情况。

相比起自己的儿子，又有哪个小婴儿能让奥古斯丁有更多的"机会去观察"呢？《见证录》卷一中那段对婴儿行为的精细描摹显然源于作者的亲身经历。公元371年，这位年轻的父亲不得不俯身在"上帝所赐"的摇篮之上。在无法和捣乱分子们一起外出疯跑的夜晚，他只得蛰居家中读书，摇篮里的孩子不时大声啼哭，一定让他不堪其扰：

那时我只知道吮乳，舒服了便安息，什么东西碰痛我的肉体便啼哭，此外一无所知……逐渐我感觉到我在什么地方，并要向别人表示我的意愿，使人照着做；但是不可能，因为我的意愿在我身内，别人在我身外，他们的任何官感不可能进入我的心灵。我指手画脚，我叫喊，我尽我所能做出一些模仿我意愿的表示。这些动作并不达意。别人或不懂我的意思，或怕有害于我，没有照着做，我恼怒那些行动自由的大人们不顺从我，不服侍我，我便以啼哭作为报复。[61]

奥古斯丁在描摹自己婴儿时的情状时，脑海里一定浮现着阿迪奥达图斯的影子。其依据可以在《论教师》一文中找到。这篇对话录记录了奥古斯丁与十六岁的儿子之间的一次对话。父子二人就广义而言的学习行为进行了探讨。内容涉及：词语以及如何运用词语指代事物，约定俗成的语义如何通过语言的自然运用而形成，记忆和自学如何使学习行为成为可能，等等。比如，以下这段文字摘自《论教师》：

注意到"头"这个词，经常被重复、被使用，我意识到它意指某个我之前见过的熟悉的事物。在这样的关联建立之前，"头"对于我来说不过是个噪音罢了。当我认识到它意指何物时它就成了一个标志。但是我是从现实中认识事物，而不是从标志中认识事物。标志是从对它所指之物之前的认识中来，而不是认识从标志中来。[62]

还有《见证录》中的如下文字：

> 是我自己，凭仗你，我的天主赋给我的理智，用呻吟、用各种声音、用肢体的种种动作，想表达出我内心的思想，使之服从我的意志；但不可能表达我所要的一切，使人人领会我所有的心情。为此，听到别人指称一件东西，或看到别人随着某一种声音做某一种动作，我便记下来：我记住了这东西叫什么，要指那件东西时，便发出那种声音。又从别人的动作了解别人的意愿，这是各民族的自然语言：用面部的表情、用目光和其他肢体的顾盼动作、用声音表达内心的情感，或为要求，或为保留，或为拒绝，或为逃避。这样一再听到那些语言，按各种语句中的先后次序，我逐渐通解它们的意义，便勉强鼓动唇舌，借以表达我的意愿。[63]

在《论教师》中，奥古斯丁向读者保证他并没有教儿子任何东西，而是展现了他对这个孩子的天资颇为自得。男孩们运用上帝恩赐的天赋学习。不过，奥古斯丁认为，这些来自上帝的天赋只有置身在爱的氛围内才能够得以发挥。奥古斯丁对父亲和老师手中挥动的鞭子深恶痛绝，这促使他在儿子的教养方式上采用了不同的做法（后来，这种做法也被他运用在自己的学生和修道院的修士身上）：

> 我像婴儿一般学着（去说），毫无恐惧地，不受折磨地，在乳母们哄逗下，在共同笑语之中，在共同游戏之时，留心学会了。我识字时没有遇到也没有忍受强迫责罚，我自己的意志促引我产生概念，但不可能不先学会一些话，这些话，不是从教师那里，而是从同我谈话的人那里学来的，我也把我的思想说给他们听。由此可见，识字出于自由的好奇心，比之因迫而勉强遵行的更有效果。[64]

《论秩序》（*Order in the Universe*）一文的写作时间与《论教师》一篇相近，是奥古斯丁对如何在爱的氛围内学习这一问题的长篇阐述。在对话中，奥古斯丁与他的年轻学生们谈论起秩序，他使出浑身解数激发学生的兴趣——下水管传出的古怪的噪声、竞技场上的斗鸡、户外茅厕中传来的恣意歌唱——然后又言归正传回到宇宙秩序的主题。

尽管在教育方法上宽松随意，对于人类自摇篮之中就表现出来的机心，奥古斯丁却无意粉饰。他留意到，即便是襁褓中的婴儿也渴望被关注，如果别的孩子也获得同样的关注，他们就会表现出妒忌和愤怒。操控他人的欲望（*libido dominandi*）源自傲慢，是魔鬼的第一宗罪，也是亚当堕落的原因，这一点，在自这罪里降生的每一个人身上都寻得见痕迹。

阿迪奥达图斯，这个不请自来的孩子，不久就让奥古斯丁深深为之着迷。人类思维的进化无疑是一个奇迹，从某种意义上说，他成了他父亲对这一问题的研究对象。关于这个孩子，奥古斯丁写道："如果不是出于一个父亲的偏爱，他可谓天赋异禀。"[65]

《见证录》第三卷记录了奥古斯丁在迦太基头两年的生活，其中并未提到他在学识方面的进步。直到十九岁时，在修辞课上，他偶然读到了西塞罗的对话录《荷尔顿西乌斯》[66]，受其影响，他转而开始研究哲学，之后其学术脉络日渐清晰。奥古斯丁曾向圣经中去寻找智慧，但是因译文版的原始粗疏而却步，随后埋头研究摩尼教的哲学教理。有意思的是，他将接触到的三种道德哲学排序如下：异教的理性主义、基督教的"迷信主义"、摩尼教的神秘主义。当然，对于摩尼教教义他已有所了解，无须从零开始。到达迦太基后不久，他就结识了一群年轻的摩尼教徒（应该是在被介绍给罗马尼阿努认识的那些当地名流时结识的）。这些年轻人虽然耽于玩乐，但个个才智过人。比起之前结识的那些"捣乱分子"，这些新朋友身上少了粗暴鲁莽，多了教养和人情味，因此别具魅力。奥古斯丁这样描述道：

> 此外，在那些朋友身上还有更能吸引我的东西；大家交谈，大笑，彼此不同，却共同阅读有趣的书籍，彼此开玩笑，互相体贴，有时意见不合，却不会生出仇恨，正似人们对待自身一样，而且偶然的意见不同，反能增加经常意见一致的韵味；我们个个是老师，也个个是学生；有人缺席，便一心挂念着，而欢迎他的回

来：所有以上种种，以及其他类似的情形都出自心心相印，而流露于谈吐顾盼之间，流露于千万种亲厚炽热的情款；这一切正似熔炉的燃料，把许多人的心灵熔而为一[67]。

伊夫林·沃（Evelyn Waugh）① 在回忆牛津生活时，曾经描述这种可爱的带着酒后微醺般的纨绔岁月（*jeunesse dorée*）。奥古斯丁对受洗之前的生活苛责颇多，唯一笔下留情的就是这一时期的友情——当然这也是性情使然。如果能够被引上基督的正途，这个迦太基的小圈子可以说就是奥古斯丁向往的宗教生活的理想国——朋友们欢聚一堂，坐而论道，用丰富的才情滋养着彼此。

这个小圈子中的一些人推崇禁欲清修。尽管与其中不少人早就认识，但在加入摩尼教之前，奥古斯丁对所谓的禁欲主义并不认同。古代晚期的思想流派大多数都主张灵肉分开，并视之为获得哲学启蒙的先决条件。摩尼教也秉持这样的观念，只是在教众中，只有选民们（the

---

① 伊夫林·沃（1903—1966 年），英国著名讽刺小说家。

Elect）严格执行教义①。奥古斯丁的朋友们多数属于"听众"（Hearers），相当于基督教中尚未接受洗礼的慕道友。他们服务于选民，但却不用摒弃世俗生活，去承担思想启蒙的伟大使命。

但当奥古斯丁翻开《荷尔顿西乌斯》，这首禁欲主义的塞壬之歌刺穿了他的灵魂："我被这语言升华了，照亮了，点燃了。"[68]正是由于奥古斯丁和其他一些人的引用和摘录，西塞罗的这本对话录得以留存只言片语。通过此文，西塞罗提供了一种思维训练（*protrepticon*）的路径，敦促人们放下野心和逸乐，甚至放下修辞的快感，坚定不移地追寻智慧[69]。奥古斯丁后来引用过其中的一个比喻：伊特鲁里亚（Etruscan）的海盗们为了折磨阶下囚，会将他们和死尸脸对脸捆绑在一起。囚徒们恰如灵魂被囚于肉体，阴森恐怖却无法挣脱[70]。

能否像驯服野马一样驯服肉体？这样的想法对奥古斯丁产生了巨大的吸引力。从这一刻起，虽然还做不到身体力行，但十九岁的他开始对贞洁禁欲的生活有所向往。

在西塞罗的对话录中，隐含着一个悖论：一位伟大的

————————

① 摩尼教教团分为教师、教监、牧僧、选民（正信教徒）和听众（一般教徒）五个教阶。选民处于第四等级，主要职责是宣传教义。

修辞学家，以修辞的方式拒绝了修辞。奥古斯丁在后来的创作中可谓得其精髓。

此外，《荷尔顿西乌斯》最吸引奥古斯丁的一点无疑在于对话这种形式。柏拉图留下的那些对话录强劲有力，无疑是苏格拉底式的，但奥古斯丁却无法读懂（因为不通希腊文）。他喜爱西塞罗温文尔雅的腔调，也喜爱他笔下的对谈者之间超拔脱俗的思想激荡（这些在目前存世的所有西塞罗的对话录中都可以找到例证）。奥古斯丁的摩尼教朋友们，至少在谈话风格上都是西塞罗式的。奥古斯丁认为，所有的思想果实都是与他人共同采撷得来的，因此他所有的早期作品都是以对话录的形式写就的。成为主教之后，由于事务缠身，他不得不放弃了闲散的对话录的形式。但是，在与教众们交流的布道词中，在《见证录》这样一本写给上帝的祈祷文中，都可以看到这种观念的影响。

受到《荷尔顿西乌斯》的启发，奥古斯丁转向圣经旧约去寻找智慧。与西塞罗笔下令人沉醉的典雅对话不同，旧约译文粗粝鄙陋，令他大为光火。何况，耶和华与世人之间不存在平等对话。他不由分说，强迫约伯和以撒俯首听命，其专横跋扈、雷霆手段和奥古斯丁的父亲如出一辙。

一些人误以为，奥古斯丁恼火的地方主要在于文字表达。就文字本身而言，非洲通行的旧约拉丁文译本词不达意，远不如西塞罗的文笔那样文通意顺、恰如其分。但事实上，奥古斯丁当时抨击的重点并不在此。在他看来，解经的方法（*modus*）未免泥古不化，倒不如西塞罗的对话中蕴含的严肃（*dignitas*）[71]。在随后的一大段话中，他引申了摩尼教徒们对圣经旧约的批评，指出正是那些"孩子气"的故事让怀抱古典主义情怀追寻神圣律法的人们，感到不值得为之付出努力。[72]

相比之下，按照后来以身殉教的创教者摩尼的说法，摩尼教提供了一种理性主义的宇宙观和一种更高维度的知识。在奥古斯丁看来，西塞罗思想的缺憾是对基督之名的忽视，这种缺失也深深地植根于奥古斯丁的童年时代，时至今日，在他身上仍有隐约的影响。但摩尼教无此缺憾，摩尼教被认为是基督教中的异端[73]，其教义认为，基督在三位一体中位居第二——他是"光"，连接天上的父和地上的选民。位列第三的是摩尼本人，他被"光"派往世间。摩尼教徒们相信，自己的体内封存着遭到放逐的上帝的种子，这些种子被一种黑暗混沌的邪恶力量封缄起来，必须通过搏斗才能获得释放。这种戏剧性的心理冲突与奥古斯丁感受到的内心冲突恰好呼应。摩尼教为奥古斯丁提供了一套解释自己行为的理论框架——正如弗洛伊德超我（superego）、自我（ego）和本我（id）合一的人格框架被后世人用作解释自我的工具一样。奥古斯丁从摩尼教这里，第一次获得了在心理层面进行自我剖析的实验工具。

奥古斯丁说他是在十九岁读了《荷尔顿西乌斯》之后"改信"摩尼教的，并且说参与该教派的时间为期九年。实际上，他应该是没有把最初接触和离开之前那两段若即若离的时间计算在内。莫妮卡来到迦太基与他同住时，他已经是一名摩尼教徒。之后不久，她就会迎来孙子的降生。371 年，也就是奥古斯丁来到迦太基的第一年，帕特里丘去世。莫妮卡之前有可能来过，但是对与身为异教徒的儿子共同生活在一个屋檐下有所顾虑，因此推迟了迁居的计划[74]。好在尤娜不用背负同样的顾虑。在返回塔加斯特期间，她曾经就这个问题咨询过该城主教，这位主教对母子两人都有所了解——之后她就决定搬到迦太基与奥古斯丁同住了。

值得一提的是，奥古斯丁一家所居住的宅子是由罗马尼阿努资助的。375 年，当奥古斯丁按照这位保护人的安排，返回塔加斯特并成为一名教师的时候，罗马尼阿努公开了其摩尼教徒的身份。不少人认为，罗马尼阿努之所以改信摩尼教，是由于受到奥古斯丁的影响。事实也许恰好相反。罗马尼阿努在西罗马帝国有不少生意上的往来，毫无疑问帮助自己年轻的被保护人在迦太基结识了不少当地的权贵。这些人中不乏身居高位的摩尼教徒。后来当奥古斯丁到罗马时，同样也接受过这些人的资助。当时信奉摩尼教颇为风行，但时刻处于危险的境地（作为异教派别在奉行公教的帝国内部被官方明令禁止）。彼得·布朗认为，其吸引力与20世纪20年代英国大学里盛行的"布尔什维克"（Bolshevism）颇为类似[75]。带着一个年轻人对新的信仰沸腾的情感，二十二岁的奥古斯丁回到了塔加斯特。罗马尼阿努视野开阔，在此之前，一定早就是摩尼教徒们优秀的"同道中人"了。对于这个庇护在他羽翼之下的年轻人来说，罗马尼阿努所扮演的角色绝不仅仅是学业上的引路人——正如他后来所证明的那样。

## 五 塔加斯特（374—376年）

学业完成后，奥古斯丁在家乡开始了教书生涯，他投注无比的热情劝说一位基督教慕道友改信摩尼教，而且居然成功了。"我强扭着他放弃了自己的信仰。"[76] 现在这位朋友（Amicus，意为朋友，下面我索性根据这个词的发音称他为"阿米克斯"，省得转弯抹角）成了他最亲密的友伴。离开迦太基那个由年轻知识分子组成的小圈子未免遗憾，现在这种缺憾得到了弥补。然而好景不长，"阿米克斯"不幸身染重病，他信仰基督教的双亲担心他不久于世，就在他昏迷不醒的时候为他施了洗。"阿米克斯"恢复神志之后，奥古斯丁本想就他在昏迷中领受洗礼一事和他打趣，却没想到"阿米克斯"竟然严词斥责了他，并选择坚信被奥古斯丁嘲弄的基督教，这使得奥古斯丁深感受伤。

之后不久，"阿米克斯"就去世了，奥古斯丁痛不欲生，几近疯狂。他灵魂的一半业已逝去——他只能靠着"阿米克斯"灵魂的另一半还与他同在的念头，才能勉强苟活于世。痛苦如同一股来自外部的强大力量，使他与自己相疏离："我为我自己成为一个不解之谜，我问我的灵魂，你为何如此悲伤，为何如此扰乱我？"[77] 这句话的后半句源自一句赞美诗，其中回荡着该隐因上帝接受了亚伯的献祭而发怒时，上帝对他的叱责："你为什么

发怒呢？你为什么变了脸色呢？"[78] 在奥古斯丁的拉丁
文圣经中，也回响着同样的追问：

汝为何忧伤？

汝为何扰我灵魂，为何气馁？[79]

对于奥古斯丁来说，此刻能够想到这则故事绝非偶
然。上帝叱责该隐，是因为他对自己的痛苦不加节制。
该隐之罪，在于见到好运落到别人的头上[80] 而妒忌痛苦。
在奥古斯丁看来，这是很大的罪。上帝命令该隐控制住
自己的不快，但是该隐摆脱不掉这种情绪，因此杀死了
亚伯。之后，上帝将该隐逐出故乡，被逐至荒野的该隐
在那里建造了尘世第一座城市。奥古斯丁认为，这正是
与上帝之城对应的尘世之城的开始。

奥古斯丁对该隐故事的解读是不同寻常的。他不吝
笔墨，详加剖析。因为上帝认可亚伯，该隐愤怒得难以自
控。原本以为挚友已经被自己说服，但"阿米克斯"却
决定回归并坚守自己原来的信仰，奥古斯丁"愕然失色"
（*stupefactus et turbatus*）。他试图再次说服"阿米克斯"，
用他自己的话说，其用心良苦几近疯狂（*dementia mea*）。

正如上帝放逐该隐，他"放逐我的悲伤让我远离您的身旁"[81]，眼前的一切变得面目可憎。奥古斯丁逃离故乡（*fugi de patria*），重新回到了他的异教朋友们生活的城市。在人生的这个阶段里，尘世之城显然更符合他的心意。《创世记》故事再次重演，为奥古斯丁在塔加斯特的生活提供了深沉的道德注脚：他的悲痛是暗无天日的、土崩瓦解的、自我毁灭式的。"阿米克斯"就是亚伯，而他扮演了该隐的角色。该隐的尘世之城建立在永无止境的自我纷争之中。奥古斯丁描述到，"阿米克斯"死后，他自己的王国四分五裂："我受困于自己的痛苦之中，无法止步，又无法逃离。"[82] 当他离开出生的城市时，"故土"亦被背入行囊，如影随形、无法抛闪。

## 六　迦太基（376—383年）

再次回到迦太基时，奥古斯丁不再只是一名学生，他开始了教书生涯，并且一跃成为摩尼教内一批活跃人物组成的群星谱中的一颗新星。他"几近疯狂的努力"在"阿米克斯"那里一败涂地，在这里却所向披靡。正如他在《论摩尼教"两个灵魂"》(*The Manicheans' "Two Souls"* )[83] 一书中所记述的:"和那些仓促应战的基督徒们辩论时,我经常不战而捷(*noxia victoria*)。"在一次公开赛诗会上,作为获胜的桂冠诗人,他得到了颇具学者风范的迦太基总督温迪希安(Vindician)的加冕,此人对他青眼有加,后来成了他的朋友并常有好的建言。380年,奥古斯丁出版了自己的第一本书《论美与适宜》(*The Beautiful and the Appropriate* )[84]。后来在写给一名非基督徒朋友的信中,他又谈及这一话题:

> 美,是事物本身惹人注目和使人喜爱,美的
> 反面是恶和丑;而适宜的反面是不适宜(*ineptum*),
> 取决于与之配合的其他事物,是无法脱离那与
> 之关联的另一事物而单独存在的。[85]

奥古斯丁后来认为,这本书浸润着摩尼教把恶视为一种实体的观念,但出版时,奥古斯丁并没有将这本书题献给任何一位摩尼教的朋友。他将该书敬献给了远方一位素未谋面的修辞学家希艾利乌斯(Hierius)[86],希望能够借此跳出自己的圈子获得更大的发展。奥古斯丁曾向罗

马尼阿努保证，他重返迦太基是为了进一步深造，学成之后会回到塔加斯特学以致用。但此时此刻，他显然有意追寻更为广阔的天地。

尽管在摩尼教中以辩才著称，但随着对哲学的兴趣日益加深，奥古斯丁对这种自己在公开场合机敏娴熟地加以辩护的信仰却产生了怀疑。摩尼教教义允诺可以提供一种不同于圣经神话的理性主义，但是通过对"自然哲学家们"著作的研究（多半指的就是对西塞罗天文星象学方面著作的研究），他开始对摩尼教的宇宙神话产生疑问，认为它们并不比当时的科学发现更高明。

有位摩尼教的教友告诉奥古斯丁，一位非洲摩尼教的领袖人物即将莅临迦太基，他对于摩尼教教义的所有疑问届时都会迎刃而解。此人名叫福斯图斯（Faustus），意思是"求神赐福"（Blest），后来奥古斯丁常借用这个名字调侃对方。福斯图斯奉行禁欲主义，他的身上有某种戏剧化的特质（他曾在公开场合宣布与父母断绝关系）。此人风度翩翩，谈吐迷人，布道时常令听众如痴如醉，但他显然不是什么思想家。他的演讲技巧让奥古斯丁深受启发，但令人失望的是，他并不能解答奥古斯丁所提出的那些涉及摩尼教本质的深层次的问题。"一般老生常谈出于他的口中便觉非常动听，可是（这位彬彬有礼的斟酒者）递给我一只名贵的空杯，怎能解我的酒渴呢？"[87]据传福斯图斯是一位文史大家，但一见之下，他竟然连奥古斯丁与他的学生们当时一起研读的书籍（大概指的就是西塞罗的对话录之类）都未曾涉猎。奥古斯丁带着获胜者的心理评价道："对于自己不懂的东西，他倒颇有自知之明。"[88]两个人成了朋友。原本希望求教的奥古斯丁成了事实上的老师。

奥古斯丁在这场较量中胜出，福斯图斯反而成了学生。但是在自己讲课的课堂上，奥古斯丁却一败涂地。他希望友好地交流，但学生们冥顽不灵、恣意妄为，对此他毫无招架之功。当年和一帮狐朋狗友厮混的时候，他也曾置身事外、拍手称快。现在他沦为这样一群人的牺牲品："一些外来者，有如疯子一般，肆无忌惮地冲进教室，扰乱为保护每一位学生的利益而制定的秩序。"[89]由于听到别的老师说，罗马的学生更好管教，于是以此为由，奥古斯丁悄悄离开了迦太基。离开时，他既没有通知自己的母亲，也没有通知他的保护人。奥古斯丁带着尤娜和阿迪奥达图斯，调整航向，就像埃涅阿斯曾经做的那样，向着罗马的方向扬帆远行。

第二章

意大利 （383—388 年）

# 一　罗马（383—384 年）

　　到罗马的航程是奥古斯丁第一次海上经验，过程异常艰险。其后，他只渡海一次——乘船返回非洲直至终老。大海，尽管壮美，但对于所有在海上经历过生死一线的人来说都不亚于一场噩梦[1]：

> 看看宽阔海洋的壮观景象，它不断地变换着深浅不一的绿色、紫色和蓝色的霓裳。而当风暴突然来临时，海洋又是一番多么激动人心和可供观赏的景象——至少在不必担心惊涛骇浪袭击的海岸上观看时，情况是这样的。[2]

在奥古斯丁看来，山是上帝和圣徒的象征，大海则象征着死亡。一个人一旦归信基督并步入浸洗池，他将死在基督里，并在彼岸获得重生。而在 383 年，奥古斯丁、尤娜和阿迪奥达图斯在地中海上的这次历险，却似乎是驶向死亡的深渊，几乎看不到活着上岸的可能。

待到他们终于抵达之时，罗马已经不复是帝国的中心，甚至连西罗马的中心也谈不上。当时的情形是，皇帝在哪里临朝，哪里就是帝国的中心（383年的中心是米兰）。权力大厦业已倾颓。正因为如此，由异教徒主导的元老院及行政署衙，还有当地的名门望族，使出浑身解数力图维持这座城市作为帝国中心的幻象。正如奥古斯丁后来讥讽的那样："公教教会已遍布世界，只有罗马除外。"[3] 由于不再握有实权，罗马元老院的元老们对权力格外敏感，同时又百无聊赖地追逐小丑取乐，借以打发时日。阿米阿努斯·马塞利努斯（Ammianus Marcellinus）是当时最为伟大的历史学家。他指出，真正的饱学之士在罗马很容易崭露头角，但不久就会被弃如敝屣，这一点让他懊丧不已[4]。

罗马的大公教会面对的就是这样一个肤浅的社会，因此催生了一批被圣哲罗姆（Saint Jerome）①——奥古斯丁抵达罗马时，此人担任教皇的秘书，但两人素未谋面——讥讽为官僚神父的教牧人员：

> 我可以寥寥几笔就给你勾勒出其中的一个来——你会发现他的嘴脸在这类人中相当普遍：

---

① 圣哲罗姆（347—420年），罗马天主教教父，著名神学家、历史学家。

此人黎明即起，然后拿出时间表查看都有哪些贵妇需要拜访；他会算计好最佳路线，这样就不至于没能在她起床前及时赶到她的卧房——这个肮脏龌龊的老家伙！他的嘴巴粗野无耻，从来吐不出一句好话……不管走到哪里，他都在你眼前晃。不管什么样的谣言，要么本就是他编造的，要么就是被他恶意夸大的。[5]

哲罗姆的保护人教皇达马苏斯一世（Pope Damasus I）[①] 就是这样一个虽已领受圣职却相当庸俗的人。他在政治上工于算计，私生活中奢靡逸乐，可以说为文艺复兴时期教皇们的荒淫腐败开了先河——他当选为教皇的日子颇为血腥暴力，一百三十七名反对派的教徒被他下令杀死在今天的马焦雷圣母堂（Santa Maria Maggiore）前。

初到罗马，奥古斯丁发现他所钟情的维吉尔诗歌中的罗马城早已踪迹难觅。海上的可怕经历让他心有余悸，一场严重的疾病随即降临。幸运的是，他的一位摩尼教朋友为他提供了庇护，向身染重病的他以及他的家人尤娜、阿迪奥达图斯和随行的仆人们敞开了家门。尽管奥

----

① 达马苏斯一世（304—384 年），第三十七位罗马教皇。

古斯丁对摩尼教已不再抱有幻想，有时还会针对该教派一些牵强附会的言论取笑他的庇护人 [6]，但他依然受惠于它。摩尼教徒们明白自己的地位不合法，容易招致政府的镇压，所以着力在上流社会中培植力量。他们比罗马城里的门阀贵族更整肃严谨，比老百姓更遵纪守法，并积极延揽像奥古斯丁这样的一流贤才。

他们精挑细选，与几位严肃的旧派别的异教徒结盟。个中道理不言自明。当时这些人正与米兰的天主教教廷论战，其中就有以雄辩著称的昆图斯·奥雷利安·西玛克（Quintus Aurelius Symmachus）。西玛克身边有一个学者、诗人组成的小圈子。维吉尔诗歌评论家塞尔维乌斯（Servius）和马克罗比乌斯（Macrobius）也都是圈子里的成员。奥古斯丁登门拜会了西玛克，此举当然有其用意——因为修辞学方面的声望，西玛克被罗马皇帝瓦伦提尼安一世（the Emperor Valentinian）指派遴选御前雄辩术教授，而他对奥古斯丁颇为垂青。当然，奥古斯丁也得以登堂入室，与这些社会名流们一起畅谈自己所敬爱的诗人。

西玛克出身显赫。奥古斯丁结识他时，身为元老院元老的西玛克刚刚被任命为罗马城的执政官。因为与前任皇帝就胜利纪念坛（an altar of Victory）的存废问题有过冲突，履任新职后，他修书一封递呈米兰朝廷，恳请将祭坛作为罗马古老历史和权力的象征加以修复。这封《告吾皇》（*Recatio*）文采斐然，据说接到信后朝堂上下无不动容，信中的罗马城被描摹成一位女性的形象，她轻启朱唇，恳请皇帝帮助她找回昔日的荣光。因为正是这座城市，"奠定了世界的秩序"[7]。

但是，时任米兰主教的安波罗修向皇帝（一个十三岁的男孩）发出警告，痛陈重修祭坛的后果："你会发现教堂里不再有神父，即便有也只会把你拒之门外。"[8]这场著名的论战发生在384年的夏天，当时奥古斯丁刚刚从西玛克那里得到御前雄辩术教授的席位。毫无疑问，奥古斯丁不久就会有机会见识到安波罗修的强硬作风。若假以时日，这位主教大人能让三任皇帝都放弃初衷，并按照他的意志行事。同一时期，得益于西塞罗对话录的启发，奥古斯丁放弃了摩尼教，并开始接受以西塞罗为代表的"新学园派"（New Academy）的怀疑论观点。假如见到安波罗修，奥古斯丁又会形成怎样的看法呢？对于他的那些地位显赫的朋友，不管是非基督徒还是摩尼教徒，此人都是个巨大的威胁。米兰或许是一座危机四伏的城市，但奥古斯丁还是决意离开罗马，这里的学生虽然不像迦太基的学生那样目无尊长，但总是偷奸耍滑，不愿意给老师支付酬劳。也正是因为在塔加斯特、迦太基、罗马的三段教书生涯都乏善可陈，奥古斯丁最终得以摆脱"教书匠"（dominie）的阶层成功进阶。事实上，他向着米兰的方向一路飞奔而去，而且是以一种当时颇为时髦的方式，因为御前雄辩术教授可以特许使用皇家驿马。君士坦丁大帝（the Constantine）①曾经因为颁发这项特权而遭人诟病，罪名是不该纵容主教们耽于享乐[9]。

## 二　米兰（384—386 年）

在米兰，奥古斯丁的社会地位得到了提升。他的眷属队伍不久就初具规模——尤娜和儿子、母亲和弟弟、两位表亲、一群学生，还有奴隶、速记员以及抄写员等与他的身份地位相称的一批随从。他的仕宦生涯开始了，与富有阶层联姻的日子指日可待。莫妮卡在丈夫死后掌管了家中的一切，因为财产是婚姻的首要考虑，她开始

---

①　君士坦丁一世（272—337 年），第一位皈依基督教的罗马皇帝。313 年，与李锡尼共同颁发《米兰诏书》，承认在帝国内部信仰自由。

张罗着儿子与一位基督教家庭的女继承人订婚。此女年龄尚幼，当时还无法完婚。（当时女性的法定结婚年龄是十二岁，她可能年仅十岁，因为婚礼一年多后才举行。）

那么尤娜该如何自处？事情发生后，她返回非洲，并立誓终生不涉男女之事，一心一意侍奉上帝。奥古斯丁对这桩婚事毫无热情，他这样描述道[10]：

> 一直以来和我同居的那个女子，被视为我结婚的障碍，竟被迫和我分离了。我的心本来为她所占有，因此如受刀割（*concisum*）。这创伤的血痕很久还存在着。[11]

这让人不禁联想到他在"阿米克斯"死后所写的那段话：

> 我背负着一个破裂的（*concisum*）、血淋淋的、不肯被我背负的灵魂，我也不知道该把他安置在哪里。[12]

事实上，奥古斯丁是无法娶尤娜为妻的。她出身于比他低的阶层，而君士坦丁的律令禁止不同阶级之间通婚。如果没有一桩合法的婚姻，他们的儿子阿迪奥达图斯的身份就无法合法化。更重要的是，无论是身为摩尼教徒的那几年，还是接受了西塞罗《荷尔顿西乌斯》一书的观点之后，他逐渐开始认同禁欲是成为哲学家的唯一方法。成为主教之后，他一直向教徒们宣扬，理想婚姻中性爱的发生只应为了满足传宗接代的需要。他不认为和尤娜一起时自己能够克制情欲，惯性使然很难改变。他愚蠢地认为，和那位未成年的未婚妻在一起时，自己一定可以做到守身如玉。之后不久他就发现，自己根本无法忍受单身汉的生活，即便是没有尤娜在身畔撩拨情欲——于是在成婚之前，他找了一位临时情人帮助自己挨过这段时日。好在他没有纵欲滥交，而是找了一位固定的女伴。

正如奥古斯丁后来忏悔的那样，他如此对待尤娜罪不可恕。但就此断言是他把尤娜"打发走了"也不客观。考虑到儿子的未来，以及自己对平静生活的向往，尤娜也许促成了这个决定。奥古斯丁抵达米兰时，对异教传统十分尊崇，身为天主教徒的尤娜不可能毫无芥蒂，何况她对宫廷生活也没有什么兴趣。一个能够让奥古斯丁钟情了这么多年的女子不大可能是个毫无主见的人。奥古斯丁撰写《见证录》时，两人已分别十年，尤娜也已年过四十。返回非洲后，她居住在塔加斯特城的一个天主教教区里，当时奥古斯丁的朋友阿利比乌斯（Alypius）担任这座城市的主教。当然，不管两人之间实际情形如何，尤娜和儿子之间一定是有书信来往的。

奥古斯丁抵达米兰，他礼节性地拜访了安波罗修，并获得了这位伟大人物的热忱接待。有人由此推断奥古斯丁拜服于这位大主教的羽翼之下。奥古斯丁晚年曾经表达对安波罗修的敬意，尽管这敬意姗姗来迟，但还是给做出以上推论的人们提供了依据。不过根据奥古斯丁在米兰以及后来在城郊逗留那段时间所写的文字来看，实情恐怕并非如此。他写道，"残忍"之处在于，在他归信之前安波罗修从未向他提供任何实质性的帮助[13]。即便归信之后，在写给一位颇具才识的朋友的信中，奥古斯丁还这样写道，不像某位主教那样俗事缠身，他们的生活，能够让自己与俗世保持足够的距离，从而"超凡入圣"（deificari）[14]。离开米兰之后，奥古斯丁从未与安波罗修主动联系，也从未将任何一本书题献给他，甚至很长一段时间都没有在作品里提到过这个人的名字。奥唐奈在给我的信中写道，奥古斯丁"晚年时提及安波罗修不过是出于需要罢了"（主教之间可以相互援引布道词）。

安波罗修的口才并未给奥古斯丁留下多深的印象——在他看来，他的摩尼教朋友福斯图斯尽管油嘴滑舌，却是一位更为成功的布道者。[15] 奥古斯丁本人与安波罗修的布道风格迥然不同。此外，当奥古斯丁初抵米兰时，他对安波罗修将殉道者的遗骸公之于众以获取民众情感支持的做法也很不以为然。这位主教大人当时陷入与支持阿里乌主义的查士丁娜皇太后（Empress Justina）争夺米兰市民控制权的较量之中。他用新近出土的两位殉教者圣格瓦西乌和圣普洛塔西乌（Gervasius and Protasius）的遗骸做文章，利用这些被视为神迹的遗骨所谓的"疗愈作用"吸引市民对他的支持。奥古斯丁后来提到过这起标志性的事件，不过是在叙述了他的皈依经历之后，似乎仅仅是为了做一番回顾，以便强调在他正式归入公教之前并没有被这些戏剧性的事件所左右。他冷静的叙述腔调和他晚年身为主教时对同一事件的激情回忆听起来大相径庭。[16]

奥古斯丁起初对于神迹崇拜是不赞成的。他并不是质疑奇迹的发生，但认为其背后也许不过是魔鬼作怪而已。上帝是不会将基督奇迹般的生与死这样重要的天启轻易示人的，他又何须屈尊降贵与魔鬼同台竞技。受洗之前，也就是安波罗修利用神迹做文章的第二年，奥古斯丁宣布与那些"在对神迹空洞的渴望中无力自拔"[17]的人划清界限。三年后，他阐明了自己的观点："神迹是未获应许发生在我们的时代的，否则灵魂就会贪恋其中无力自拔，人类也会因其不断的示现而目倦神疲。"[18]奥古斯丁对神迹所持的冷静态度与其早年目睹非洲多纳徒派教众对殉教者圣祠的狂热崇拜有关——这种狂热在其母莫妮卡的身上就颇为显著。

奥古斯丁在归信之前，与安波罗修有过唯一的一次交谈（自首次礼节性的拜谒之后），不过是为了帮他的母亲莫妮卡询问在米兰该如何禁食的问题[19]。改信公教之后，他退居于一所乡间宅邸。他写了一封信给安波罗修告知自己的决定。[20]安波罗修在回信中建议他阅读《以赛亚书》(Isaiah)，但奥古斯丁在阅读这位先知的章句时只感到一头雾水。显然当时安波罗修并未告诉奥古斯丁需要从圣经的隐喻入手——当他后来从乡下返回米兰，并接受洗礼前的教义指导时才明白这一点。

看来安波罗修并不是那个在奥古斯丁皈依天主教一事上起到决定性作用的人。那么，此人又会是谁呢？有一个人确实曾经在四个方面对促成此事起到极为重要的作用。那就是希姆普利西安（Simplician），安波罗修的米兰主教一职的继任者，同时也是安波罗修的导师。虽然安波罗修很难接近，且从未与奥古斯丁谈过心[21]，但希姆普利西安却定期接见这位年轻人[22]。每次谈话，希姆普利西安都极富同理心，他"像学生一样勤学好问，最终总是成了那些被请教的人的老师"[23]。奥古斯丁后来一直保持与他书信往来，即使荣升主教后，仍然一如既往地称他为"我的父"（Father），他这样写道："您信中的真情实意对我而言绝非从未品尝的新酒，而是自酒窖中取出的味道熟悉的陈酿。"[24]

其次，希姆普利西安推荐奥古斯丁阅读使徒保罗的书信集，这与他当时的水平正好相宜，《以赛亚书》显然还不在他的理解范围之内。在决定归信的当天，他所阅读的正是《保罗书信集》。

再次是，他将奥古斯丁引荐给了米兰当地一批推崇新柏拉图主义的基督徒。希姆普利西安曾经担任安波罗修的希腊哲学导师，而他的一位朋友马里乌·维克托里努（Marius Victorinus）翻译过希腊哲学家普罗提诺（Plotinus）的作品。作为米兰新柏拉图主义圈子的核心人物[25]，他与曼利乌·西奥多鲁（Mallius Theodore）非常熟悉，而奥古斯丁早期作品中的一部就是题献给西奥多鲁的。

最后一点，他给奥古斯丁讲了不少其他基督徒被上帝拣选，归信基督的故事。奥古斯丁看出他是有意而为，但对此不乏感激，"当希姆普利西安讲述了维克托里努的故事后，我心中就像燃起了一把火，想要追随他的脚步——这正是他告诉我这个故事的用意"。[26]这是奥古斯丁听过的第一个属灵故事，其后还有很多，这些故事就像前进道路上的鼓点，激励着他走向归信基督的正途。

随着奥古斯丁对新柏拉图主义思想和《保罗书信集》的研究日渐深入，他对自己的职业生涯深感怀疑和不安。他在宫廷中的唯一职责就是阿谀奉承——"我的谎言越多，就越能赢得那些谎言鉴赏家的激赏"[27]。这种"兜售雄辩术"（*venditor verborum*）[28]的生活让他厌倦。他的健康出了问题。对那位临时情人抛舍不开的窘境也让他苦恼，因为他已经清楚地认识到，这样的生活是有害无益的。

决定归信公教会的那一天，他的老朋友阿利比乌斯陪他一起走进花园，他的内心波涛汹涌，正为是否接受救恩做着最后的斗争，突然，他如瘫痪般跌倒了——四肢无法控制地抽动，就像婴儿一样，他无法说话，失去了表达的能力：

> 正在心烦意乱之际，我的手足做出许多动作，这些动作，如果一人手足残缺，或手足被束缚着，或四肢乏力，或因其他原因而不能动弹，则即便要做也没有这能力。我搔头，敲额，抱膝，这些动作是因为我要做，才做出来的。假如手足不听我指挥，那么即使我要做也做不到。这一方面，有许多动作，我的意愿和动作是不一致的。但另一方面，我又不做那些我以非常热烈的意愿所想望的事。这些事，只要我愿意做，只要我真正愿意，就能如愿以偿；这一方面，能力和意愿是一致的；愿意即是行动。但我并不行动。我的肉体很容易听从灵魂的驱使，念头一转，手足跟着动了；我的灵魂却不容易听从自己的意志，完成重大的愿望。[29]

在痛苦之中，奥古斯丁想象"节制"（*continentia*）幻化为人，抽离隔绝在某个他不敢进入的地方。她"向我伸出充满着圣善的双手，准备接纳我，拥抱我"——

维吉尔笔下的形象在模糊中呈现，灵魂呼唤远方的海岸，"向着它伸出双手"[30]。节制的拟人化现身意味着某件事情正在发生，"在我心中，正是我与我自己的决斗"[31]。

然后，奥古斯丁离开了阿利比乌斯的身畔，更深地陷入内心的荒漠之中。他在一棵无花果树下坐下。此刻，他为何会停下脚步，并留意到这个特别的树种？奥古斯丁向来惜墨如金，对他而言，这可不是闲来无事研究植物学的时候[32]。皮埃尔·库赛尔认为这棵树有其象征意义[33]，极有可能与约翰福音中拿但业（Nathaniel）立于无花果树下的章节相关[34]。不过，如果留意一下创世记故事在《见证录》一书中的应用，首先应该想到的是亚当和夏娃灵肉不复合一的章句，正是这内在的分裂，让他们意识到自己赤身裸体，"迷惑于他们肉体的不顺从，这正是他们自己不顺从的象征，（亚当和夏娃）便拿无花果树的叶子，为自己编织裙子"[35]。在坠落人间之前，亚当披戴着上帝的恩典。随后，他的肉体与他的意志不再合一。与父亲在公共浴场共浴时，奥古斯丁披上了亚当之耻——但是在这里，这棵无花果树下，他却终于要披戴基督。

由于"节制"在奥古斯丁的想象中幻化为人，无花果树也有其象征意义，库赛尔由此推论，奥古斯丁听到的孩子的声音一定来自精神上的幻觉，因此不能照搬字面意思——库赛尔甚至以这段文字中一对拼写极相近的词 *vicina*（邻居的）和 *divina*（上帝的）为例，来说明奥古斯丁所听到的声音并不是来自邻居的房子（*vicina domo*），而是来自上帝的房子（*divina domo*）。但是对于奥古斯丁来说，这显然不是什么隐喻或者精神幻觉。他回想是否听到孩子们游戏时唱过这样的歌谣"*Tolle，lege*"，但是完全没有印象。于是他认定这是神谕，这时才蓦然明白这些词的意思是"拿着，读吧"。于是他跑回之前待过的地方捧起当时正在看的书。A. 斯祖（A. Sizoo）则认为，孩子们的歌声也有可能是真的，只是奥古斯丁在听到时不理解它的确切含义。因为，*lege* 一词一般来说指"挑选"而不是"阅读"，孩子们有可能是在模仿农夫丰收时的劳动号子："拾起来，挑选"[36]。这样的意大利文歌谣对于奥古斯丁这样一个非洲人来说，确实不太容易听懂。

　　但不管事实如何，奥古斯丁在这个声音的催促之下拾起他正在读的书，并立即明白了眼前文字的含义："Be clothed in Jesus Christ."（"披戴基督耶稣。"）


　　我读完这一节，顿觉有一道恬静的光射到

心中，阴霾笼罩的疑阵溃散了。[37]


## 三　加西齐业根（386—387年）

决定归信之后，奥古斯丁希望和过去的生活一刀两断。尤娜已经离开。他计划放弃在宫廷中担任的职务，告病隐退。他想换个环境，于是来到了朋友凡莱公都斯（Verecundus）借给他的一幢乡间别墅。他不仅仅要成为一名天主教徒，而且选择禁欲苦行。凡莱公都斯很遗憾不能与他们同往，因为当时他业已成家，而这个精英组成的基督教小圈子的成员个个都是单身汉。[38]

这个通过禁欲苦行告别"低劣"生活的决定未免有某种自我拔高的成分。成为基督徒并不意味着一定要禁欲，但是依照晚期古典主义的观点，任何决定从哲学层面践行某种严肃的道德淬炼的人都要禁欲苦行。在奥古斯丁精神崩溃进入花园之前，他刚刚听了归信前最后一个关于归信者的故事，他对阿利比乌斯说：


我们怎么了？事已至此——你难道没有听

到吗？那些不学无术的人起来攫取了天堂，我们呢？我们带着满腹学问，却毫无心肝，在血肉中打滚！是否他们先走一步，我们便耻于跟随他们？不是更应该惭愧自己没有跟随吗？[39]

彼得·布朗认为，追求理性主义、禁欲克己是泛地中海地区比较典型的一种文化特质。在写给异教先哲的颂歌中，这一点多有体现，比如阿米阿努斯献给"叛教者尤利安"（Julian the Apostate）①的那首颂歌：[40]

他最了不起的地方在于他坚定不移的禁欲守制。妻子死后（尤利安二十五岁），他确实不涉性事。柏拉图曾经问年迈的索福克勒斯是否还沾染男女之事，这位悲剧家答曰：不！并且补充说，从这种男女情爱中逃脱让他如释重负，就如一个人逃脱了一个疯狂残忍的暴君的魔掌。尤利安显然从内心认同这种说法。

---

① 尤利安（Flavius Claudius Iulianus，331—363 年），罗马帝国最后一位多神信仰的皇帝，在位期间曾推动多项行政改革。

另一位先贤，马可·奥勒留皇帝[①]宣称，性只不过是"在一个女人体内摩擦排出一股黏液"罢了[41]。这一时期，奥古斯丁的立场与基督教日渐紧密，但同时又深受新柏拉图主义的涤罪观念的影响。

由于奥古斯丁、阿利比乌斯和阿迪奥达图斯必须在387年2月之前返回米兰，接受受洗前的教义指导，他们在凡莱公都斯的别墅里度过了初冬——别墅的所在地应该位于今日的卡萨戈（Cassago）[42]。天气异常寒冷。奥古斯丁的一名学生后来写了一首关于这段岁月的诗，从中可以看出天公并不作美：

> 但愿黎明，用它那幸福的车辇，
> 载我回到过去，
> 在奥林波斯山的投影之下，
> 隐居求慧的时日正在延长。
> 雾色再浓，
> 也阻挡不了我坚定的脚步。
> 风雨再大，

---

① 马可·奥勒留（121—180年），罗马帝国皇帝，著名的"帝王哲学家"，代表作为《沉思录》。

也动摇不了我们不变的友情。[43]


　　对于奥古斯丁一行十人以及随行的仆人和速记员们来说，这所别墅非常宜居。奥古斯丁尚未正式放弃他在宫中的职位，抄写员们仍然异常忙碌。在古代，没有哪位作家能够离得开他的速记员——哲罗姆甚至在到他沙漠中的隐修院时也把他们带在身边[44]。

　　等待蒙召进入基督徒的神秘生活之前的几个月里，奥古斯丁在写作上异常多产。这个在他人生的前三十二年里只写过一本书的人，现在四个月里写出了四本对话录，并且雄心勃勃地计划针对人类知识体系的各个方面撰写一系列作品。在此之前，就像是找不到坐标而裹足不前，他一直未能找到关于灵与肉、智慧与上帝等这些本质性哲学问题的答案。而现在，他认为自己找到了所有的答案——在不远的未来，他将会领悟到这一刻自己的肤浅。

　　奥古斯丁心目中基督教作家的典范是新柏拉图主义者曼利乌·西奥多鲁，后者为了回避政治上的纷扰，以免影响其哲学著述，辞官归隐来到了米兰。西奥多鲁用对话录的形式写作，正如克劳狄安（Claudian）写给他的颂歌中所褒扬的那样：

您指尖如电，将希腊语转换成拉丁语，

您技艺高超，为文雅隽永的交流确立了典范，

将文字的丝线织成了真理的锦缎。[45]


西奥多鲁曾经把个人藏书中的新柏拉图主义书籍借给奥古斯丁阅读，不过此人后来重回异教阵营，使得奥古斯丁对他的看法逆转直下。在《见证录》第七卷第十三节里，他是那个姓名不详的人，且"自命不凡、趾高气扬"[46]。但是在题献给西奥多鲁的对话录《论完美生活》(*Happiness in this Life*)[47]中，可以看出奥古斯丁在信主前后明显受其影响。文中有一段对话，作者与"我们的神父朋友"探讨起灵魂本质的问题。这位神父朋友之前一直被认为是安波罗修。但是据我了解，奥古斯丁与安波罗修之间从来没有就此问题进行过任何哲学性的对话。而希姆普利西安，当时是包括西奥多鲁在内的新柏拉图主义圈子的中心人物。用"我们的神父朋友"(*noster sacerdos*)来称呼高高在上的安波罗修会显得过于亲密，而用来称呼慷慨大度的希姆普利西安又显得不够亲近。以下是奥古斯丁的献词，从中可以看出，西奥多鲁在奥古斯丁的基督教

研究的起步时期扮演了极其重要的角色：

> 因为呀，我的西奥多鲁，若有需要我只会向你去寻，惊诧于你所拥有的能力，我思忖站在您面前的这个人究竟如何，心里掂量自己正处于怎样的状态，您又会给我什么样的帮助，因为我确信你不会拒绝……通过与您那些神父朋友谈论上帝的话题，我开始认识到，绝不可以从任何物质的层面思考上帝……您对普罗提诺非常推崇，我也已读过他的几本著作，并且试着把它们交于那些宗教著作的准绳衡量，我内心的火焰被点燃了……因此我请求您，用您的慈悲，用您的待人之爱，通过我们灵魂之间的连接和互动，向我伸出援手——爱我，并坚信我对您怀抱同样的爱且无比珍视。一旦我张口向您求助，我就会用我自己卑微的努力帮助自己，在此生实现那完美的生活，我相信这种生活正是您业已收获的。也许您对于我目前正在做的事已有所耳闻，我是如何带着一些朋友避世而居，也许借此您可以了解我内心所想（因

为我没有其他向您展示的方式），我想应该把这本之前写就的对话录题献给您，它比我之前所写的那些要更具宗教性，因此也许对你有些价值。它探讨的话题是适宜的，因为完美生活正是你我共同思考的话题。另外，除了在这方面上帝略有眷顾之外，我也别无所长。面对您的卓越辩才，我并不感到脸红（为什么要在我毫无争胜之心、全心敬仰的人面前脸红？），您的高贵地位也不会让我却步——不管这地位如何尊荣，您都并不看重，因为只有真才实学，才能收获真正的知音。

　　这是他在受洗前后写过的最为情真意切的献词。他把助其归信的功劳更多地归于西奥多鲁而不是其他任何人。此信完成于返回米兰之前，誊录后随即被寄出，似乎是奥古斯丁为了保持自己在米兰的新柏拉图主义圈子里仍然占据一席之地。信中还有一个段落，篇幅很长，这里不再赘述。这段文字简要概括了奥古斯丁迄今为止的知识发展脉络——因此常被视为他的第一篇自传[48]。《驳怀疑论者》（*Answer to the Skeptics*）是奥古斯丁题献给他在非洲的保护人罗马尼阿努的一篇对话录。在该书的序言中，他用相似的笔法勾勒出了自己的生活轮廓。回首来时路，奥古斯丁一方面为现在的自己定位，一方面又为未来的宏大目标勾画着蓝图。这次人生方向的调整还带来了一个衍生品，那就是一种新的写作形式——《独语录》。

> 很多事情在我心里翻腾，一连好些天我孜孜寻求我的自我、我的善，以及那该摈弃的恶。总有一个声音在对我说——它是我自己，还是内在或外在于我的别的某物，我尚不知道，因为它正是我要力图发现的。[49]

奥古斯丁为这种对话形式发明了一个特有的名词"独语"（ *soliloquia* ），这个词并不是指那种以自己为听众的一般意义上的"独白"（soliloquy）——马可·奥勒留以自己为听众的文字是典型的独白。在这种文学形式里，有两个声音同时在场，并对彼此发声，它们自说自话，一问一答。"因为我正在独自同我自己说话，所以我选择了'独语'这个名字，它很新鲜也很笨拙，但却很适当地指明了它的目的。"[50]

奥古斯丁认为，智识的发展离不开思想的碰撞。在文中，他甚至指出就连友谊都不过是寻求真理的工具罢了：

理智：不过我问你，为什么你想你爱的人与你生活在一起或住在一处？

奥古斯丁：为了我们总在一起，同心寻求我们的灵魂和上帝，这样，第一个发现了的人就可不费力地领其他人到那里。

理智：假使他们不想寻求这些东西呢？

奥古斯丁：我会引导他们的。

理智：但是如果正是他们的存在妨碍了你的寻找呢？如果他们冥顽不化，甚至宁愿不与你在一起，你不会很沮丧吗？

奥古斯丁：你说的是，我承认。

理智：因此，你渴望他们的生命，要他们陪伴，不是为了陪伴本身而是为了发现智慧。

奥古斯丁：我完全同意。[51]

离开米兰退隐加西齐亚根期间，奥古斯丁在写给朋友们的信中表达了同样的观点。在给赫摩格尼安（Hermogenian）的信中，他这样写道：

> 如果能够从黑暗的荆棘丛中挖出一道水渠，让普罗提诺那思想的清流暂时缓解我们的焦渴，就是我们能够对我们所处的时代做出的最大让步。如果让它随意流入开阔的地带，就会在牛群恣意的践踏中失去它的纯净。[52]

过去在塔加斯特，他想念迦太基城中的摩尼教朋友，此时，奥古斯丁想念的是米兰城里那些信奉新柏拉图主义的朋友。不过，在加西齐亚根期间，他感觉自己被赋予了某种新的使命，不像在塔加斯特时那样，自从"阿米克斯"死后便魂不守舍，根本无心教学。

加西齐亚根的生活并不都是飘在理论的云端。由于奥古斯丁决定以文科知识为基础，通过著述百科全书式的作品来搭建通向上帝之梯，他继续给带在身边的三个得意门生教授维吉尔的诗歌，并试着用新柏拉图主义的宇宙观加以阐释。同时，他与学生、朋友、亲属之间展开对话，内容涉及宇宙秩序、人生幸福以及对怀疑论的驳斥与批判等。这些对话为他提供了新鲜的创作素材，并被迅速整理和编辑为对话录。

他对这些素材的运用手法在《论秩序》一书中可见一斑。作品开始于某个失眠的夜晚，奥古斯丁听到一名学生扔出一只鞋去打老鼠，这位名叫利森提乌（Licentius）的学生来自塔加斯特，是奥古斯丁的保护人罗马尼阿努的儿子。奥古斯丁躺在黑暗中思忖，为什么卧室旁边下水道里汩汩的流水声间或中断，然后又奔泻而下。男孩答道，也许是被树叶阻塞，到水流累积到一定程度，它就会冲开阻滞后又继续奔流。奥古斯丁对于这个合理的推论表示祝贺，并且引导学生更进一步从哲学的层面思考宇宙万有的运行秩序。这些新的发现让利森提乌兴奋异常，以至于黎明时分蹲在厕所里捏起嗓子模仿女声，唱起了安波罗修的一首赞美诗。恰巧成为他模仿对象的莫妮卡认为，在这种地方唱颂圣诗难免有失恭敬，但奥古斯丁却认为这地方正好合宜，因为正如身体排泄垢物，灵魂也在驱逐黑暗。[53]

这些早期的对话录中萌动着某种创造力。但是，新的苦修生活并不像奥古斯丁曾经预想的那样轻松自如。在《独语录》中，理智（Reason）问他，是否已经可以做到不近女色。他回答是的。[54] 但当第二天理智又问他，前一晚，当"幻想着爱抚用它旧日苦痛的甜蜜逗弄你"时，是否并不感觉痛苦。奥古斯丁不得不承认他是痛苦的。他之前的志得意满无疑是西莱尔·贝洛克（Hilaire Belloc）[①]式的，其内心充满了矛盾。

> 我问自己的心："怎样了？"
>
> 心说：安如磐石！
>
> 但是它在撒谎。[55]

## 四 米兰（387年）

奥古斯丁于四旬斋（Lent）[②]开始之前回到米兰。毫无疑问，他迫不及待地想要与他的哲学家伙伴们重逢，看看他们对那些从加西齐亚根寄回的对话录的反响。结果比预想的还要好，于是他开始着手对《独语录》的内容进行扩展。现在他又可以与希姆普利西安和西奥多鲁

---

① 西莱尔·贝洛克（1870—1953年），英国作家、诗人。代表作有《顽童与野兽》《警戒故事》等。

② 也叫大斋节，封斋期一般从圣灰星期三延续到复活节，前后四十天，期间基督徒禁食、忏悔，为复活节做准备。

交谈了，他感到自己有能力证明灵魂不朽。

　　加西齐亚根时期的对话录中没有对圣经经文的解读，有人根据这个事实认为，与其说奥古斯丁归信基督，不如说他归信的是普罗提诺。但是对他而言，如果在接受教义指导并对其中的微言大义（*disciplina arcani*）有所领悟之前就随便发言，无疑是冒昧之举。奥古斯丁是在后来参加安波罗修四旬斋期间对符合条件的（*competentes*）受洗教众所做的布道中，才第一次对圣经经文中的隐喻有所了解。在受洗之前接受教义指导，是当时所有的基督徒都必须遵循的入会仪式。整个四旬斋期间，信众们不能洗浴，他们身着苦行者的皮氅，聚集在教堂中一个指定的位置。安波罗修洗礼前的布道词现存两个版本——依他所言，这灵魂的"洗浴"在诺亚时期的大洪水、红海中分出的水道、西罗亚（Siloam）让盲人复明的水池、摩西丢树进去后变甜的水以及漂浮着伊利亚的斧头的水中皆有预表[56]。

　　在这个时期，教会的教义及主祷文都是口传心授的。信众们只准在圣周（Holy Week）的星期四洗浴，然后接受查体仪式。[57] 在复活节的前夜，他们整晚祈祷，在黎明时分宣布与撒旦决裂，然后沿米兰教堂广场下方的地道，迎着太阳走向那个八角形浸洗池[58]。这个浸洗池今天仍然可以看到，在欧洲，比这个浸洗池更富历史意义的古迹已经不多见了。在这里，安波罗修，中世纪教会教义范式的缔造者，即将迎来奥古斯丁并为他施洗，而后者奏响的神学之声，未来将要在同一座教堂里回响。

## 五　奥斯蒂亚（387年）

在春天接受完洗礼之后，奥古斯丁一行于夏季启程南下。相较之前的北上，此行随从人员不多，未免显得有些寒碜。他们本希望在冬季航路关闭之前赶到奥斯蒂亚，以便能够登上返回非洲的客船。但是到达之后，却发现地中海的海路因为战事已经封锁。东、西罗马帝国的皇帝终于决定结盟，共同镇压篡位者马克西姆（Maximus）。奥古斯丁在米兰供职期间，安波罗修曾经拜访马克西姆设在特里尔（Trier）的朝廷。

莫妮卡在滞留奥斯蒂亚期间染病去世。行文至此，我对莫妮卡所述不多，主要是因为评价她在奥古斯丁一生所起作用的文章实在是太多了。丽贝卡·韦斯特（Rebecca West）①有一段著名的控诉是针对她的：

> （在她看来）幸运的是，她所信奉的宗教的教义可谓完美，甚至堪称高贵，从而让她铁了心阻挠儿子的成长……基督教显然并不意味着阉割，但是奥古斯丁和莫妮卡之间旷日持久的战争说明这句话对她并不适用。莫妮卡把儿子像送入摇篮一样送入教堂。对她而言，青春期令人嫌恶，他因此发誓守贞节欲……对于母亲来说，儿子即便死了，也和尚未出生的胎儿一样，是她无可争辩的财产。

即便不至于被说成是一个被母亲操纵的傀儡，奥古斯丁也常被描绘为一个严重依赖母亲的形象。问题在于，从十二岁到十六岁，他都在马都拉的文法学校就学，并不在母亲身边。十六岁时，他回到了母亲生活的城市，但多数时间都住在罗马尼阿努的宅邸里，而且耽于欢爱，

① 丽贝卡·韦斯特（1892—1983 年），英国作家、记者、文学评论家，致力于女权和自由派运动，被誉为"20 世纪首位公共知识分子"。

忙着和那位不久就会为他怀孕生子的女人耳鬓厮磨。帕特里克死后，莫妮卡搬到迦太基与儿子同住，尽管对摩尼教深恶痛绝，但她的威慑力并不足以令奥古斯丁裹足不前。莫妮卡热衷于觐拜殉道者墓地和追逐神迹，对于这些行为他早就心生嫌恶。他背着母亲偷偷跑去了罗马。后来，当莫妮卡来到米兰帮他操持婚事的时候，随行的还有奥古斯丁的哥哥和两位表亲。事实上，整个家庭都在分享他的远大前程带来的好处。至于归信天主教一事，他宁愿归功于信奉新柏拉图主义的基督徒希姆普利西安和西奥多鲁，而不是归功于母亲以及她心目中的英雄安波罗修。当阿利乌派异端分子企图占领教堂时，安波罗修带领着天主教徒们在教堂内用大声祈祷的方式对抗，莫妮卡当时也在教堂内，"关切警醒地独自站着"。而奥古斯丁则立于教堂之外，"尚未因您圣灵的热度而软下心肠"。[59]

那么，为什么奥古斯丁要在《见证录》第九卷中花费笔墨为莫妮卡单独作传呢？个中缘由恐怕不止一个。莫妮卡的生平故事像"盆栽"一样被插放在奥斯蒂亚一节中，按照库赛尔[60]的说法，这篇小传和阿利比乌斯的生平小传[61]一样，都是在奥古斯丁动笔写《见证录》一书之前就已经成稿的。奥古斯丁为阿利比乌斯撰写生平，是因为诺拉的保林（Paulinus of Nola）希望能够读到关于此人的一些简单记述。而这篇被"笨拙地"插入第九章的莫妮卡小传应该也是之前就完成的。奥古斯丁曾声明，《见证录》一书是匆匆写就的，而且不得不删除了许多内容。奥古斯丁不惜破坏行文的叙事结构插入莫妮卡一节，只能说明这是他不得已而为之。如果说，为阿利比乌斯撰写悼文是受诺拉的保林之托，那么，为莫妮卡撰写生平应该是为了满足其他儿孙的请求。莫妮卡另有几个子女，与奥古斯丁都过从甚密——她的女儿担任奥古斯丁辖下女子修道院的院长，孙子中的一个后来担任奥古斯丁所在修道院的执事，而且为此放弃了与其他姊妹共有的财产[62]。撰写母亲的生平一事应该是姐姐与奥古斯丁商量的结果，而且她应该在草稿的基础上就一些细节进行了润色。身处闺阁之中，这位姐姐陪伴母亲的时间更长，与母亲也更为亲厚。莫妮卡显然更愿意对女儿袒露心事，有时也难免会对她絮叨一些进出酒窖的危险之类的家务琐事。

奥古斯丁对于母亲的欣赏可谓后知后觉，主要体现在加西齐亚根时期。在《见证录》的前几部分中，他对莫妮卡的态度是严厉的，认为她仅仅生活在上帝恩典的"城郊"[63]而已。但是在加西齐亚根期间，受到新柏拉图主义对于女性哲学家的开明态度的影响，莫妮卡也得以参与哲学对谈——恰好此时，奥古斯丁也正在探讨各种人类关系在探寻真理的过程中所能起到的作用。莫妮卡目不识丁[64]，但她敏锐的直觉令儿子折服。她理解不了，为什么这些搞学问的人不厌其烦，就是为了证明他们其实什么也证明不了。她的谈话带着泥土的气息，常令儿子忍俊不禁。"他们病得不轻。"她这样评价道。[65]当奥古斯丁的一位学生反驳老师"思想以智慧为食"的观点时，她的见解甚至更为尖锐。莫妮卡插话道："难道不就是你自己，就在今天，向我们证明了思想于何时何地进食？尝了一口之后，你说你不知道吃的是什么，因为你脑子里正在想着别的事。当你吃着东西却不知道吃的是什么的时候，你的思想又在何处？"[66]普罗提诺认为，"灵魂可以从肉体分开"。而莫妮卡无意中发现的正是这一点："你可以罗列许多有价值的活动，理论上的或者实践上的，但是，它们并非实有，除非我们有意识地付诸思考或者付诸行动。"[67]对于奥古斯丁来说，尽管莫妮卡从未接受任何哲学训练，但她所说的一些话却令他醍醐灌顶。莫妮卡之前从未参与任何哲学意义上的对话，因此对于加入谈话并不情愿。奥古斯丁丝毫不掩饰自己的惊诧，他对母亲这样说道："您天赋的能力让我每天都如遭棒喝，焕然一新。"[68] 他早就见识过她的虔诚之心，但是对于她天赋的敏锐直觉（ingenium）却一无所知。

然而造化弄人。不久，她就带着儿子迟到的认同撒手人寰。去世之前，她与儿子在奥斯蒂亚有过一次对话，这次对话将两人的思考升华为一种深邃的灵性体验，并引领着他们向上飞升，超越了（几乎是脱离了）肉体的束缚。奥古斯丁用一个抑扬顿挫的长句描绘了这一时刻来临时自己无法言说的心情：

> 如果在一人身上，血肉的蠢扰，地、水、气、天的形象都归静寂（silent），并自己的心灵也默尔而息（silent），浑然忘我，一切梦幻，一切想象，一切言语，一切动作，以及一切疏忽而起的都告静止（silent）——这种种定要向听的人说："我们不是自造的，是永恒常在者创造我们的。"言毕也请它们静下来，只倾听创造者——如果天主直接说话，不凭其他而自己说

话，让我们听到他的言语，声音不出于尘间的喉舌，不由于天使的传播，不借云中霹雳的震响，也不用譬喻廋辞来使人揣度，而径自谛听他自己说话；我们本在万有之中爱他，现在离开万物而听他自己，一如我们现时的奋发，一转瞬接触到超物质的妙悟，仅因这一种真觉而控制，而吸取了谛听的人，把他沉浸于内心的快乐之中；如果永生符合于我们所叹息想望的，那时一刹那的真觉，不就是所谓"进入主的乐境"吗？但何时能实现呢？是否在"我们都要复活，但不是都要改变"的时候？[69]

奥古斯丁笔下的这个长句将西塞罗式的修辞升华到一个新的境界，"silent"一词的排比使用让宇宙万有一层一层飞升。语法被弃于一旁，"永恒的智慧"闪烁其间又迅疾飞逝。然后伴随着眼前"乐境"的消散，这句子的长龙陡然跌落，碎成残片，最后（令人眩晕地）在一系列的追问声中归于沉寂。

学者们关注的焦点在于，这个"乐境"到底在多大程度上图解了柏拉图式的思想升华。但从一位传记作家的角度来看，这个故事的有趣之处在于这次升华体验是两个人共同体验的，而不是一个人的私密感受。何况在此之前，莫妮卡从未接受任何人文科学或是抽象科学的知识训练。按照奥古斯丁过去的理解，这些知识性的准备对于此类体验来说不可或缺。现在，实践与理论之间产生了矛盾。如果不放弃这种理论，就意味着必须对它进行修改。而这一点，尽管后知后觉，才是莫妮卡在他的思想上产生的真正影响。通观《见证录》全篇，奥斯蒂亚的祈祷彰显了友伴关系（*socialis necessitudo*）是如何托举着两个人共同升至天堂的——与亚当陪伴夏娃背离上帝坠落凡间恰相对比。

奥古斯丁的弟弟纳维吉乌（Navigius）陪伴母亲直到生命最后一刻——莫妮卡生前曾将后事托付给这个儿子，表示对返回非洲与丈夫合葬一事并不奢求[70]。1945 年，她墓碑的残片在奥斯蒂亚的教堂旁被几个玩耍的孩子意外发现。目睹祖母过世，阿迪奥达图斯号啕大哭。但是奥古斯丁抑制住了自己的悲伤。早年，面对"阿米克斯"的死亡，他曾经歇斯底里，痛不欲生。但此时的他已判若两人，基督徒的希望充盈着他的心灵，他坚信，母亲的灵魂会展开一段新的生命。

寒冬来临，返回迦太基的航路仍未开通，然而留在奥斯蒂亚已不再有意义。当地不乏一些有影响力的基督徒盛情挽留，但是奥古斯丁需要图书馆，而且最好是罗马的图书馆，因为他必须跟上自己狂飙突进式的写作步伐。

## 六　罗马（387—388 年）

奥古斯丁上次逗留罗马期间，曾受到不少信奉摩尼教和异教的社会名流的款待。这些人都与西玛克交好，当然有的是真心结交，有的不过是曲意迎合。但这次在罗马，奥古斯丁结交的都是基督教圈子里的人物。教皇达马苏斯一世已死，受其荫庇的哲罗姆被逐出罗马。新任教皇西里修（Siricius）正在联合安波罗修的力量，以制止谋逆者马克西姆对普里西利安派（Priscillian）异端的审判。因为曾为米兰的朝廷效力，奥古斯丁一度引起教皇的关注。现在，因为要接受安波罗修的洗礼，奥古斯丁放弃了御前雄辩术教授的职位。奥古斯丁并未记录这次停留罗马期间的生活。随着他与维吉尔的世界挥手作别，罗马的魔力业已消退。尽管成为非洲主教之后，他多次接到罗马教廷的诏书，敦促他重返罗马，但他与教皇之间的关系始终是正式而疏远的。

罗马的生活不像加西齐亚根期间那样总是被友伴簇拥着，奥古斯丁现在只有一个可以谈话的对象。不过这个埃俄迪乌（Evodius）充满好奇心，似乎永远有问不完的问题。他曾经是庞大的皇家秘密警察机构中的一员，但选择放弃了这样的生活，之后他一路追随奥古斯丁，从米兰直至非洲（Mandouze 366—373 年）[71]。罗马期间，奥古斯丁完成了对话录《论灵魂及其起源》（*How to Measure the Soul*），之后开始撰写《论自由意志》（*Freedom of Choice*），以及《天主教和摩尼教道德论集》（*Catholic and Manichean Moral Systems*）。当春季来临，海路开通时，他本可以离开罗马，但是因为不想打断写作的节奏而延宕了一些时日。直至秋风又起，再度面临海上通路关闭的危险，他才不情愿地登上航船，第二次，也是最后一次，渡海返乡。

第三章 非洲（388—430 年）

# 一 塔加斯特（388—390 年）

返回塔加斯特后，奥古斯丁承继父业，做了一段时间的十夫长，同时继续撰写新的对话录。他的儿子已经长大（十六岁），可以作为谈话的对象了——从《论教师》中可以看出，阿迪奥达图斯还是个相当聪明的谈话对象。不过遗憾的是，他未能亲眼见到对话录的出版：他意外早亡，临死前母亲尤娜应该陪在身旁。返回非洲之后，尤娜遵从誓言，过着清心寡欲的基督徒生活。虽然娘家境况如何不得而知，但当时还在塔加斯特城，于是她回了娘家。那时，在神前立誓独身修行的女子通常住在娘家，除非家里出资供养她在某个教区的修道院生活。奥古斯丁的姐姐原本也在塔加斯特过着孀居生活。奥古斯丁成为希波主教之后，他的姐姐在他辖区内的修道院里做了一名修女。没有资料显示尤娜与儿子再也没有相见，事实上这种可能性微乎其微。这个曾经因为祖母的去世而大放悲声的少年，在临死之前不可能不需要母亲的陪伴。即便死亡降临得猝不及防，他的母亲也一定会来参加他的基督教葬礼。返回非洲之后，奥古斯丁再未提起尤娜。这不一定是他单方面的想法，也可能同样基于对方的意愿。他也从未提起他的姐姐，除非是职责使然偶尔驾临她所在的教区。奥古斯丁向往一种剔除性爱的感情生活，即便在婚姻生活中也不例外。返回非洲，意味着会回到尤娜栖身的地方，回到她正生活其中的城市，对此他心知肚明。现在，他已经完全能够控制自己的情欲，因此也就没有必要反对尤娜来探望自己的儿子了。

从奥古斯丁早期的基督教著作中可以看出，作者认为自己担负着两项义不容辞的责任——一是用基督教的语言对整个知识领域加以阐释，二是与教内教外的异端展开论战。为了第一个目标，他雄心万丈地开始撰写一部专著——《论音乐》( Music )。至于第二个目标，是他在加西齐亚根期间就开始着手进行的。在那里他写了《驳怀疑论者》( Answer to Skeptics )，宣布与西塞罗新学园派的错误观念一刀两断。作为摩尼教徒的那段经历在他过去的生活中占据了更大的比重，这段经历也在呼唤着他做出更为彻底的反思和自我鞭挞。在加西齐亚根和罗马期间，他已经通过对话录的形式对摩尼教的思想有所剖析。现在他又完成了《论自由意志》( Free Choice )，并通过《论摩尼教"两个灵魂"》(*The Manicheans'"Two Souls"*）一文批驳摩尼教的二元论观点。奥古斯丁曾经是摩尼教的著名辩论家，如今他将这些早期的作品整理付梓，借以挥别过去。随即他开始撰写一部解读圣经文本的专著，用以证明"粗粝的"犹太版圣经的创世之说要远远胜过摩尼教新颖时尚的（实则不入流的）宇宙观。《论创世记，驳摩尼教徒》(*Genesis in Answer to the Manicheans*，388—389 年）是奥古斯丁首次尝试着从象征的角度入手对圣经进行解读，可谓牛刀小试。[1]

　　成为天主教护教卫士的奥古斯丁逐渐博得了新的声誉（那位马都拉的异教徒导师就是在这一时期给他写那封信的）。离开塔加斯特到外地旅行对他而言变得危险起来——当时各地的教会常用武力逼迫路过此地的领袖人物出任他们的神父或者主教，而有护教之心的基督徒一旦遭遇这种由其声望带来的强迫任命往往只能就范。安波罗修就是在这样的逼迫之下出任圣职的，事情发生时他甚至还没有受洗。为了保全自己，奥古斯丁经过思考决定移居希波教区（Hippo Regius）。希波是一个海港城市，在规模上仅次于迦太基，他希望和埃俄迪乌一起在那里建造一所修道院。这座城市之所以安全，是因为该城的主教之职当时由备受尊崇的瓦勒里乌（Valerius）出任，而依据当时公教会的规定，主教是唯一有权利在他的辖区内布道的人。

但是瓦勒里乌是个拉丁语说得并不流畅的希腊人，布道时颇觉力不从心，因此非常希望能够找到一个口才出众的人。在这方面谁又能比奥古斯丁更为出色呢？但是奥古斯丁认为自己加入公教时间尚短，因此态度并不积极。他表示目前在信仰方面需要做的是进一步学习而不是外出讲道；他强调了自己对于新建的修道院里的修士们所负有的责任，同时重申了只有主教才能够进行布道的事实。瓦勒里乌的答复是，奥古斯丁可以将与他的教堂毗邻的花园改造为修道院，他答应给他留出足够的准备时间，以便可以结合圣经文本进行布道。另外他还为奥古斯丁打破了神父不得布道的禁忌。奥古斯丁深感却之不恭，于是不再坚持。他志存高远，希望跳脱安波罗修式的入世生活。

## 二 希波：神父生涯（391—396 年）

奥古斯丁需要在 391 年的四旬斋之前为布道做好准备，他选择从《诗篇》[2] 入手，从中可以看出他早期研究的一些思路。鉴于这些赞美诗以朗诵或歌唱的形式在礼拜仪式中广泛使用，奥古斯丁希望通过这些诗歌构建出某种祈祷的层阶体系。"大卫"所宣说的预言常被视为与基督的人的位格相关。由于教会就是基督的身体，因此所有进入教会的基督徒都可以同受基督之苦、同享基督之光，正如所有的以色列人都在大卫的歌声里发声一样。人类历史与个体生命、内心的声音与集体的和谐，所有这些丰盛地交融在一起，然后通过文字背后的层阶持续不断地抬升：

上帝

↑

基督 / 教会

↑

大卫 / 以色列

↑

教徒 / 当地教会

所有这些层阶代表的内涵同时激活，但是根据具体的篇章各有偏重。如果诗篇的作者是有罪之人，那就是大卫王在为悔罪的族人们忏悔。如果唱颂者没有犯过罪，是纯洁的、被屈判的，或审判他人的义人，那就是基督在诉说他所经受的苦难和赢得的胜利。基督徒通过所犯之罪与大卫同体,通过所得的恩典得见基督。

这种诠释《诗篇》的方法为许多不同类型的布道确立了范式。安波罗修布道的丰富之处在于他的旁征博引和别出心裁,而奥古斯丁布道的丰富之处在于他的布道词能够与教众的心理高度契合。奥古斯丁正在学习如何让老百姓们也能理解他那些飘在云端上的高妙理论。这位原本打算仅仅为"少数人"写作的人,现在发现自己每星期都需要面对"许多人"讲道。最终他会发现,要让这飘在云端的抽象理论变得"有血有肉",恰如基督耶稣"道成肉身"。

在付诸语言之前,这些想法在我的头脑中已经存在,只是需要寻找合适的声音来表达。我要做的是在遗忘之前说给你们听。你们听到的是我心中的想法,其实也是你们自己的。它成了我们共同拥有的。你们得到了它,但我并没有因此失去。正如我的想法需要通过声音才能够被人们听见,上帝之道也需要通过道成肉身才能够得见证。[3]

即便不再撰写对话录，他仍然通过对话的方式教学相长。在进行教义指导时，如果对方偶有所感，即便只是灵光一闪，他也能迅速捕捉到，正如他在加西齐亚根和他的学生们在一起时那样。以下是他向其他神父传授进行教义指导时应该具备的技巧：

> 然而，当我们看不到受教者受到任何程度的感动时，要继续按照固定长度讲下去就更难，这无疑是事实。听讲者未表现出受感动的迹象有多种可能性：或是由于受宗教敬畏感的约束，怯于用语言或体态做出赞同的表示，或是在人前应有的礼节阻止他有所表示，或是对我们所讲不甚了了，或是认为我们所讲的没有价值。因为我们无法洞悉别人的心思，他们究竟感想如何对我们来说必然是不确定的事，于是我们就有义务在自己的讲道中千方百计地激发、诱导他表达自己，就如同使他从隐藏之处所走出来一样。若是过度的畏惧阻止了他发表自己的见解，就应以亲切劝勉的力量来消除他的畏惧。[4]

奥古斯丁在布道中善于运用各种语言技巧保持教众的兴趣，这种做法招致了吉本（Gibbon）[①]和其他一些学者的批评。为了透彻表达观点，他不仅运用双关语、俏皮话，有时还不惜使用打油诗，在遣词造句上花样翻新。当代神父詹士·杰克逊（Jess Jackson）善于使用韵脚相同的词写出合辙押韵的句子，奥古斯丁也精于此道，比如他说："坚信（hold）未见（behold）之事方曰信。"[5]又比如，为了说明作为基督的化身，教会应该爱护自己的教众，他说，"脚被刺伤流血（rends），背会痛苦弯曲（bends）"[6]。当他阐释上帝为何会施恩典于地位低下的劳作者彼得，他说，"渔夫捕鱼撒网（scope），正如雄辩家用文字打捞希望（hope）"。[7]他认为军人的职业本身谈不上恶，尽管其中有些兵士会作恶，"伤人的不是武器（militianess），而是杀气（maliciousness）"。[8]

他的比喻生机勃勃，带着泥土的气息，因此被艾瑞克·奥尔巴哈（Erich Auerbach）称为"下等人的布道词"（*sermo humilis*）。像"田野里堆放的粪肥带来金灿灿的麦

---

① 爱德华·吉本（Edward Gibbon，1737—1794年），英国历史学家，《罗马帝国衰亡史》一书的作者。

粒，犹如垒砌在灵魂之上的苦行同样带来丰收的美德"，[9] 以及"十字架是一个捕鼠器，基督之身是诱饵，诱使魔鬼落网并丧失对人类的控制"[10] 这样的句子俯拾皆是，有时甚至很尖刻。他幽默地调侃那些标榜自己视金钱如粪土的人——他们宁肯人们称呼自己为"流浪汉先生"（*Domine Pauper*）[11]。为了让内容生动，他竭尽全力，甚至有时流于怪诞。施洗者约翰（John the Baptist）曾预言"他必兴旺，我必衰微"。[12] 为了让人印象深刻，他解释说，这句话完全可以借助两个人的不同死法去理解：基督耶稣被钉死在十字架上因而必然变高（兴旺），而约翰是被砍头而死因此自然变矮（衰微）。[13]

奥古斯丁知道自己在布道方面很内行，为此颇为自得。在他看来，即便是平白朴实的文字也可以暗藏冲击力。在一次针对神职人员的培训中，他给出了这样的忠告：

> 经常，即便是最平实的文字，如果探讨的问题本身艰深但却出人意表地给出了答案，或者出其不意地（就像从某个洞穴或其他什么地方）获得了某种敏锐的洞察力并付诸语言；又或者击败了对手，证明那看上去似乎无可辩驳

的论点其实竟是谬论；如果能够言简意赅地做到这一切，毫不费力，甚至是水到渠成；遣词造句虽不华丽但铿锵有力，而且能够心无旁骛就事论事——那么，能够做到这些从而赢得掌声的文字很难再被视为平淡无奇。这样的欣赏，除了出自人们见到真理这样被阐释、被捍卫，这样坚不可摧而生出的喜悦，又能出自何方？因此即便文风平实，传授教义的神父们（*doctor et dictor*）也应该想办法让所讲的不仅仅获得听者的理解，而且同时催生他们的喜悦和认同。[14]

一些人试图为奥古斯丁五花八门的布道方式辩护，说他是为了"迁就"非洲的会众不得已而为之。但是他在更偏重理论或更个人化的文字作品中，也常使用同样的语言技巧——比如双关语、打油诗、押头韵。在《见证录》中，对于自己异教徒时期的哲学实践，他这样嘲讽道："不是行家里手（expert），而是就此撒手（expiring）。"[15]和信众交谈时，奥古斯丁希望彼此都能够有所收获。对于聆听者情绪的变化，他反应极快。布道效果不佳时他会放下讲稿，即兴发挥。他的布道韵律优美，充满引人思索的问题和苦口婆心的劝诫，让人们不由得静下心来。他特别强调语言的通俗易懂，有时近乎滑稽，从中可以感受到他对教众的拳拳之心。他说："如果能够，我愿意把自己的心掏出来给你们看。"[16]

从下面的段落中可以看出，奥古斯丁试图在他与教众之间淬炼出一种异常紧密的关系：

> 一再重复我们了如指掌、小孩子都适宜的内容，我们会感到厌倦。若果如此，我们就应努力以弟兄、父亲、母亲之爱对待自己的受教者：一旦我们的心与他们的合一达到如此程度，所教导的内容对于我们来说就如同对他们一样，都成为新鲜的了。同心合一的力量如此之大，以至于他们学习的同时我们也可以受到启发，正如我们讲解的同时他们受到启发一样，双方都住在对方的心里。双方同心合一，于是他们就如同在我们心里讲述他们所听的，我们也如同在他们心里学习我们所教的。有时我们带领别人观赏他们从未见过的景色，即广阔而绮旎的城市或乡村风光，这些地方我们时常路过，

因司空见惯早已失去兴致，但当别人因初见此景而欢欣时，我们发现自己也重新燃起对眼前景色的兴致，这难道不是经常发生的事吗？我们若与这些观光者有着亲密的关系，这种体验的程度就更深；我们因爱的关系与他们同心，所以先前在我们看来早已不新鲜的事物，因他们的缘故对我们也变成新鲜的了。[17]

无论是身为教师还是神职人员，奥古斯丁始终强调同理心的重要性，"照顾病人的人自己首先要成为一个患者，不是说要假装自己发着高烧，而是说要带着同理心去体察，如果自己就是那个病人的话，希望得到怎样的照顾"。[18]

奥古斯丁的教牧生涯可以说是从布道发端的。布道让他第一次感到自己是个有用之才。而他的布道，对于瓦勒里乌主教来说，也确实是任何人都无法替代的。授权还只是神父的奥古斯丁在希波传道，可谓是打破常规的惊人之举。393 年，在希波召开的大非洲主教会议上，瓦勒里乌甚至做出了更为出格的事情。当时奥古斯丁刚刚领受圣职，而瓦勒里乌征得其他主教的同意，允许这位神父以"信仰与教义"（Faith and Creed）为题对主教们布道。这次布道影响深远，其最重要的意义在于，人们开始意识到非洲的神职人员是多么缺乏指导。幸运的是，迦太基大主教奥勒里乌（Aurelius）锐意革新，对于非洲教会有不少堪称远见卓识的构想。他与奥古斯丁之间建立起一种合作关系，这种合作将在未来的几十年里为非洲的公教会塑造出一种全新的面貌。奥古斯丁非常清楚未来工作的艰巨性，因为他不久前刚刚在自己的主教面前坦言：当作恶和欺骗在我们自己的阶层里比在普通百姓中还要猖獗的时候，我又有何立场针对这些普通的平信徒实施惩戒呢？[19]奥古斯丁通过自己的修道院培养了多位主教，后来他们在奥勒里乌的帮助下登上了很多关键教区的主教位置。

在锐意革新方面，奥古斯丁和阿利比乌斯可谓珠联璧合，这一点在他们联名写给迦太基主教奥勒里乌的一封信中显露无遗。他们向主教大人表示感谢，由于他的支持，神父可以和主教一样传道的做法现在已经普及开来。鉴于三百位非洲主教的学识水平和持守诫命的状况已经沦丧至此，接受过更好训练的新生代的声音必须被推送到台前。在描述所取得的诸多进展的同时，两位年轻人巧妙地表达出谦逊："让神圣的蚂蚁在它们的道路上奔忙，让神圣的蜜蜂从事它们芬芳的事业。"[19]

奥古斯丁知道整饬教会的工作必须在两方面着力——对内锐意改革，对外削弱无处不在的多纳徒派力量。戴克里先针对基督徒的大迫害（Great Persecution）发生于公元303年至305年间，这是非洲基督教会历史上最黑暗也最光荣的时刻，而多纳徒派就脱胎于这样的时刻。在当年的宗教审判中，迫害者使出的最为狡诈的一招就是诱骗基督徒们交出他们的圣经，从而成为"交出者"（traditores）。这种叛教行为让多纳徒派教众备感耻辱、铭心刻骨，从此对于"交出者"抱以永不退转的蔑视。多纳徒派的创教者多纳徒斯当年拒绝妥协、以身殉教，被视为护教英雄，该教派也因此而得名。多纳徒派拒绝接受叛教者重回教会，即便接受，也要求其重新受洗（公元3世纪，由非洲伟大的殉教者西普里安［Cyprian］主教认可的一种仪式）。不过，就算重新被教会接纳，也要接受惩戒。曾经有叛教行为的主教会被剥夺职务，成为一般教徒。

对逝者的忠诚使得殉教者的墓地成为多纳徒派教众的圣地。在这些朝觐的教众中，有一个派系较为粗野，被敌对者戏称为"棚屋人"（circum-celliones）。当时从其他国家移居过来的苦力大多住在临时搭建的窝棚里，而这个派系的教徒有不少来自这个群体，或者虽不属于这个群体，却选择与他们混居一处[20]。这是一群自称是上帝的运动员（*Agonistici*）的狂热分子。他们大声传唱《感谢上帝》（"*Laus Deo*"）作为战争的呼号，他们成立了一个内部军事团体并以"以色列"命名，时刻准备着痛击一切敌对者。他们禁止不洁者靠近他们心中的圣地（这些殉教者的名字简陋粗鄙，曾经是奥古斯丁在马都拉的老师们嘲讽的对象）。他们一心一意地营造他们自己的遗址和神迹。就像后世的朝圣者为了灵魂的救赎朝觐圣地（the Holy Land）一样，他们带着随时以身殉道的决心，流浪在乡间野地，挨个参拜圣者的墓冢。对于他们而言，非洲就是他们的圣地。

尽管奥古斯丁后来对多纳徒派的极端行为多次口诛笔伐，但将该教派简单归结为一个宗教暴力组织难免武断。彼得·布朗曾经争论道，弗伦德对多纳徒主义的乡村属性有所夸大[21]。在遭到镇压并被禁绝之前，该教派在城市中拥有不少重要的教堂。当奥古斯丁在自己教堂的圣坛之上主持弥撒的时候，甚至可以听到多纳徒派信徒从他们在希波的长方形大教堂里传来的唱诵声[22]。迦太基的奥勒里乌主教与该城的多纳徒派主教帕门尼安

（Parmenian）可谓棋逢对手，而帕门尼安堪称多纳徒派阵营中了不起的领导者和改革家。奥古斯丁对一些多纳徒派主教的生平事迹颇为敬仰，同时他从该派伟大的解经学者提科尼乌（Tyconius）那里汲取了不少营养。多纳徒派和天主教就如一对彼此憎恶的孪生兄弟，两个教派的教会与教会之间、主教与主教之间两两对峙、互不相让——直到411年，双方被迫坐在了一起，列席会议的包括两百八十四名多纳徒主教和两百八十六位天主教主教。布伦特·肖[1]认为多纳徒派与天主教之间的差别并非城乡差别，而是本土宗教与罗马公教之间的差别。多纳徒派是非洲本土的教会，而天主教是帝国确立的公教。

尽管奥古斯丁个人的经验源自他对一系列哲学观点的不断扬弃（摩尼教，学园派，新柏拉图主义），但他生长于非洲，在多纳徒派和天主教之间的紧张冲突中不可能完全置身事外。在城市的街头巷尾，这种紧张关系就如蒙太古（Montagues）与凯普莱特（Capulets）家族之间的宿仇一样一触即发。安波罗修曾经将殉教者圣格瓦西

---

[1]　布伦特·肖（Brent Shaw），加拿大历史学家，罗马帝国史专家。

乌和圣普洛塔西乌的遗骸做戏一般展示在众人面前，奥古斯丁对于这种利用殉道者和神迹做文章的行为深感厌恶，其根源应该就来自他对多纳徒派教徒挖掘并围居在圣徒墓冢周围这一做法的不良印象。

奥古斯丁起初出于冲动曾经希望通过一次大赦来消解这对同胞兄弟之间的宿仇。两方面都满腹委屈，且非一日之寒。令多纳徒派教众刻骨铭心的是，（由于天主教徒的煽动，）347 年，马卡里乌伯爵（Count Macarius）带领帝国军队镇压多纳徒派，血洗他们位于迦太基的长方形大教堂，多纳徒斯本人就死于这次屠杀。对于天主教徒一方，也有塞克姆希联派（circumcellian）的暴行需要清算。作为一个刚刚被授予圣职的神父，奥古斯丁试着对希波城内外的多纳徒派主教伸出橄榄枝：

> 我们都不要再旧事重提，这些陈年宿怨只能让两边的教众争吵不休但毫无助益。如果你们不再提马卡里乌，我们也不会再称呼你们为粗鲁的"棚屋人"。这个称呼其实与你们无关，就如马卡里乌其实也与我们无关一样。在上帝的打谷场上，麦子和秕糠尚未扬起，我们两边

注定都会有秕糠——让我们虔心祈祷，努力作工，也许都会成为上帝拣选的麦子。[23]

在双方争端不断的这一时期，奥古斯丁还将不时发出这样的呼吁和恳求。他在写给另外一位多纳徒派主教的信中写道：

试问这样经年累月的争吵又有何益？长久以来，这些顽固派满怀仇恨，不断撕开双方教众们的伤口，以至于伤口旁边的肉失去了知觉，不由得让人觉得无药可救。[24]

奥古斯丁自己的家庭，如他自己所说，也分裂为天主教和多纳徒派两个阵营[25]，这种状况当时屡见不鲜：

丈夫和妻子，在床帏之内相安无事，在基督的圣坛之上却劳燕分飞。他们向他求告和平，但却不能携手来到他的面前。孩子和父母在同一屋檐下是一家人，但在同一座教堂里却形同陌路。在财产利益上他们愿意达成互惠，但是在基督施予我们的恩典上却彼此不愿让步。上帝化身为仆服侍众生是为了引我们入道，却在主仆争斗的怒火中被撕碎了。让你们的信众来到我们的堂前，而我们的去你们那里。我们接纳一切，我们不希望任何一方拿起武器。当我们一个个上前撕扯他的时候，孤立无援的基督会因为愤怒而还击吗？[26]

他向一位任多纳徒派主教的兄弟保证说，"上帝知道，我不会强迫任何一个人在违背意愿的情况下加入天主教会"[27]。他仅仅要求召开一次听证会，并且提议多纳徒派设定公开辩论的规则[28]。如果多纳徒派忌惮他本人在辩论方面的经验，他们可以选择另外一位天主教主教作为辩论对象[29]。

奥古斯丁更愿意求同存异："我们呼唤同一位上帝，笃信同一位基督，聆听相同的福音，吟唱相同的赞美诗，我们用同样的阿门结束祈祷，用相同的哈里路亚赞美主，我们庆祝同一个复活节。"[30]他邀请对方用公开辩论的方法解决争端——这也是他作为摩尼教徒时最为擅长的做法。传道初期，他曾经在一次公开辩论中，让他昔日的同门福图纳图溃不成军。福图纳图之后归信正教，成了一名天主教徒。

但是多纳徒派信众并不接招，智力交锋不是他们的强项。由于强调信仰的纯正性，他们恪守教义，不与其他教派的任何人接触。路上遇到天主教徒，他们甚至连招呼也不打（在非洲人眼中，这种态度极其粗暴，明显拒人于千里之外），更不要说与之辩论了。在奥古斯丁所在的希波城里，多纳徒派的面包师甚至拒绝卖面包给天主教徒[31]。奥古斯丁居中斡旋却遭到挫败，随即集中火力对多纳徒派展开了大规模的进攻。在这场被彼得·布朗称为"新闻战"的讨伐中，奥古斯丁时而讽刺挖苦，时而疾言厉色，将对手逼得无路可退。多纳徒派一直以其地方主义立场为傲，但奥古斯丁一针见血地反戈一击："天上的云彩宣告，在世界的每一个角落都有教堂拔地而起，而青蛙们却在它们的小池塘里咕哝：'基督徒？除了我们又有何人？'"[32]但是对于多纳徒派有意为之的诽谤污蔑，奥古斯丁的回应却不失温和。即便是对多纳徒派抱同情态度的弗伦德也承认："他们的布道词既包含圣经经文，同时也伴有对敌人的抨击和谩骂。"伊夫·孔加尔（Yves Conger）称之为"暴力与圣油的大杂烩"[33]。

不久，非洲的吉尔多（Gildo）将军起兵反对罗马政权，一部分多纳徒派教众与之结盟，使得事态进一步激化。在其后针对吉尔多的平叛行动中，一些多纳徒派教众遭到清算。此时，一度对这些棚屋人偃旗息鼓的奥古斯丁，再次发动了对多纳徒派的口诛笔伐。

奥古斯丁不得不承认，多数天主教会众松懈马虎，而这些多纳徒派教众，由于极端狂热，在宗教修持上反倒比前者纯正得多。关于多纳徒派，有一种观点相对客观："在教会的历史上，除了新英格兰的清教主义，没有任何一场运动对于人性之恶如此义不容情。"奥古斯丁不得不在他管辖的教区内，树立起人人争相效仿的基督徒生活的典范。395 年，他决心与天主教徒的怠懒松懈之风决一死战，立志去除信众之间日益加重的不良习气，从而开创出一片新天地。在给阿利比乌斯（当时已升任塔加斯特主教）的一封信中，他描述了自己之前是如何精心谋划并谨慎地付诸行动的。依照当地传统，纪念第一位殉道的希波主教圣列昂蒂乌（Saint Leontius）的酒祭狂欢即将举行，瓦勒里乌主教明令禁止他的教区参与这次活动。许多教众很喜爱这样的活动，因此对于无法参加公开表示不满，并且决定反抗到底。

奥古斯丁是在圣列昂蒂乌纪念日前两天，也就是耶稣升天节（the Ascension）[1]的前夜开始实施他的计划的。在教堂的仪式中，他撷选了一系列文风强劲的圣经篇章让读经人依次大声宣读，然后指挥着他们齐声痛斥酗酒的罪恶，从而达到了仪式的高潮。但是这一行动的实际效果不尽如人意，不禁令人失望，而且不久，奥古斯丁就通过教区里那个充斥着流言蜚语的小圈子得知，人们已经掉转枪口，将对瓦勒里乌的怒火指向了他。

第二天他增加了赌注，安排了又一轮激情澎湃的经文诵读，告诫人们不要役使灵魂为奴，从而使自己陷入危局。

> 反对的力量如此强大且危险万状，我只得信靠主赐予我的所有才能，以十足的火力痛陈利害。可是就算我眼含热泪，他们还是不动声色。一直到我结束陈词，才看到他们流下了眼泪，这眼泪让我不可抑制地抽泣起来。

始料未及的是，这一次又是恶评如潮。奥古斯丁强打精

---

① 耶稣升天节，复活节四十天后的星期四。之前的三天，即星期一、二、三，被称为祈祷日，也有译成祈求丰收日的。

神，为第二天即将到来的狂欢日做了最坏的打算。他以不知悔罪的人的厄运为题，准备了一篇布道词，并准备与这些罪孽深重的人割袍断义。

至此，人们终于见识到奥古斯丁坚定不移的决心。反对派的头目找到他，表示愿意放弃计划好的欢宴。于是，奥古斯丁将布道的主题改为，过去的狂欢会得到公正的历史评价的原因（该教会诞生于大迫害时期，毕竟尚不成熟，何况又有大批未接受过任何指导的基督徒涌入）。伴随着唱诗和读经，教堂中的庆祝活动一直持续到午后。奥古斯丁正在经历的是一场宗教情感上的火山喷发。在安波罗修的身上，他见识过这样的戏剧性爆发。不过，在当时的他看来，这些都只是蛊惑人心的表演罢了。

当天下午晚祷时分，教堂里又挤满了前来庆祝的人。瓦勒里乌主教示意奥古斯丁开始布道。奥古斯丁的内心焦虑不安，他原本指望能够凭借主教大人的威望结束这一天。正在他犹豫着要打退堂鼓的时候，从不远处多纳徒派的教堂里，传来了欢庆活动喧闹的声浪，奥古斯丁不由自主地大声宣告：自今日起，天主教会将成为一个清净守节的教会。当瓦勒里乌和奥古斯丁离开教堂时，人们继续留在那里唱经祈祷直至夜幕降临。从起初的桀骜难驯，到最后的温顺调伏，奥古斯丁与教众们之间这场宗教情感上的交锋，整整持续了五十个小时。这是一场堪与萨沃那罗拉（Savonarola）或怀特腓德（Whitefield）的宣教相媲美的伟大胜利，改变了他周围的所有教众。正像奥唐奈所说，这是奥古斯丁"本人在当地的一场胜利，从此他确立了在希波作为权威人士的声誉"[35]。

瓦勒里乌的内心起了波澜。为了防止被那些主教职位空缺的教区挖墙脚，他决定采取比当初帮助奥古斯丁争得布道权更为大胆的举措，把这位了不起的改革家牢牢地拴在自己的地盘里。他恳请迦太基大主教特别批准希波城同时拥有两位主教，当然也征得了其他主教的附议——他们似乎并没有意识到，这样的安排其实是被尼西亚大公会议明令禁止的。395 年，四十一岁的奥古斯丁被授予主教之职，此时距离他接受洗礼之日八年，距离他接受圣职成为神父之日四年。

这位新上任的主教意识到，无论是针对多纳徒派的极端主义做法冷嘲热讽、口诛笔伐，还是采取行动在禁欲苦行方面更胜一筹，都是解决不了实际问题的。他需要从神学的立场开刀。多纳徒派只允许没有任何瑕疵的人进入教会，这种极端做法是不符合圣经宗旨的。奥古斯丁选择将刀口对准了提科尼乌（Tyconius）。提科尼乌是多纳徒派有史以来最为伟大的思想家，一个在腐朽的世界里仍然能够保持赤子之心的人。在奥古斯丁从意大利返回非洲之前，多纳徒派的领袖帕门尼安，通过操纵一个委员会把提科尼乌逐出了教会。尽管被多纳徒派弃如敝屣，但是提科尼乌并没有改投天主教。奥古斯丁认为，这个人有"一个矛盾的灵魂"[36]，"尽管投身的事业前途堪忧，却始终不渝"。[37]

奥古斯丁选择提科尼乌开刀绝非偶然。当时奥古斯丁与阿利比乌斯正在协同推行一项改革，在两人联名写给奥勒里乌斯的信中，他们透漏了此举的用意。在请求奥勒里乌斯寄来他手下神父新近的布道词之后，奥古斯丁附上了一条个人留言："关于提科尼乌的《七条教规》（*Seven Rules*〔*or Keys*〕）一事，我并没有忘记您的嘱托。我在等待您的决定，正如我一再在信中告诉您的那样。"整封信流露出来的绝不仅仅是知识分子的好奇心，而是战略上的考虑。事关如何利用异教徒提科尼乌去驳斥异端教派，奥古斯丁在敦促奥勒里乌斯提出自己的意见①。但是鉴于奥

---

① 提出自己的意见，拉丁文原文为 *quid tibi videatur*。语出《马太福音》22：17。

古斯丁曾经盛赞提科尼乌是"一个富有洞见、口才出众、天赋异禀的人",这样的溢美之词大概反倒让奥勒里乌有所忌惮,不容易下定决心。[38]

表面看来,奥古斯丁此举不啻把提科尼乌当作特洛伊木马送入敌营,但事实上,他对提科尼乌是真心叹服,应该说,他思想发展的每个阶段都曾受惠于这位多纳徒派思想家。提科尼乌给予他的,是他在安波罗修身上从未得到的——就是一套从象征隐喻入手,对圣经经文进行阐释的方法,而不是某位多谋善辩之士的信口开河。提科尼乌的《教规》(*Book of Standards*)一书,是西方第一部对解经方法进行研究的著作。作者倡导对圣经进行系统化解读,而不是没有底线地滥用。弗伦德有过一个说法[39],虽然有些夸张,但不无道理:"在将奥古斯丁从摩尼教阵营赢取过来转向基督一事上,提科尼乌也许应该和安波罗修共同分享这份荣耀。"

提科尼乌的解经方法强调,要将基督亲口所说的话和他通过信徒之口所说的话区分开来。——奥古斯丁在结合《诗篇》进行布道时,就对两者之间的区别有所注意,这一点极有可能是从提科尼乌那里得到的启示。提科尼乌死于公元 390 年,死前曾遭到摩尼教教内定罪并遭驱逐，然而此事反而为他赢得了声誉。当时奥古斯丁刚刚开始他的神职生涯。397年之前，在写给奥勒里乌斯的信中，奥古斯丁经常（*saepe*）援引提科尼乌斯的著作，说明他对这位思想家相当熟悉且倾慕已久。

奥古斯丁决定借用提科尼乌斯的教会学说来反击其多纳徒派兄弟。该学说认为教会由圣徒和罪人构成，只有到末日审判时才会分开。提科尼乌斯使用了一个比喻来说明这一点，这个比喻后来被奥古斯丁发展为其教会思想的试金石，《上帝之城》就是围绕这一核心比喻构建而成的——该比喻来源于《马太福音》[40]。经文中的说法是，麦子和秕糠长在一起，直到最终（也是仅此一次的）扬场的时刻才能分开。在多纳徒派内部的辩论中，辩论双方也都曾经使用这段经文。但是没有谁对这段经文的解释能够达到提科尼乌斯一样的深度。

早在393年，奥古斯丁就结合《马太福音》的经文讲道，以响应天主教内部希望从圣经文本的角度对公教信仰进行反思的呼声。帕门尼安曾经用民谣的形式来教化多纳徒派教众。于是，奥古斯丁仿作了一首"致多纳徒派之歌"（"Chant Answering the Donatist"），该诗长达297个诗节，运用了韵文、叠句等手法，朗朗上口，易于记诵。若论文风高雅，这首诗和他自小喜爱的维吉尔诗歌自然不可同日而语，但是它借用麦子和秕糠的寓言，以及《马太福音》中其他寓意相同的隐喻，比如聚拢各种水族的网[41]、收获后才能扬净的秕糠[42]等，把这个新兴的教派分析得入木三分。

从世间收获麦子
用基督的十字架扬净

这收获之后的分拣
伴着我们悔恨的哭泣

看这教会如网，世界如海
圣人、罪人缠绕其间

我们扬帆驶向世间的终点
结局已经注定，你有你的结局，
我有我的运命[43]

为了能够让四分五裂的非洲教会统一起来，不论是礼貌文雅的外交辞令，还是下里巴人的俚语乡韵，奥古斯丁不惜使用任何一种工具。但是他反对付诸武力。如果放在现代，政教分立、宽容、言论自由等等这些概念就会第一时间跳进我们的脑海。但这些都不是公元4世纪的语言。奥古斯丁的担忧完全出自个人的理由。在巨大的压力之下，一个人可能会违心地宣布皈依一种他其实并不认同的信仰。在追求真理的问题上，奥古斯丁是眼睛里容不下沙子的。撒谎从来都是一种过错，但在宗教信仰上撒谎，会犯下亵渎上帝的罪，人们不应该迫于压力犯下这种罪。

奥古斯丁对待伪信徒的态度在一封信中表露无遗，并由此阴差阳错引发了一出闹剧。关于圣保罗的《哥林多书》(Saint Paul's *Letter to Calatians*)，圣哲罗姆发表过这样的见解，他认为圣保罗和圣彼得不是真的意见不合[44]，而只是假装意见不合。难道可以用欺骗的手段为宗教服务吗？哲罗姆的观点让奥古斯丁无比震惊，他当即给羁留于伯利恒的哲罗姆修书一封表示抗议。信使未能到达伯利恒，但是此信在哲罗姆自感（事实也的确如此）树敌颇多的罗马城里传抄一时。鉴于哲罗姆方面没有任何回音，为了拨乱反正，395年，奥古斯丁伏案疾书，对宗教信仰中的欺骗问题痛加鞭挞，《论欺骗》（"Deception"）一文得以面世。正如西塞拉·博克（Sissela Bok）所说，奥古斯丁在文中"对打着正义旗号的欺骗不留任何情面"。在他看来，最恶劣的谎言莫过于那些为了传教的目的而编造的谎言。关于哲罗姆对圣保罗的阐释，他这样批评道：

> 不管何人于何地以何种方式进行的教义问答，都绝不容许一丝一毫的欺骗。事关教义，不管多么情有可原，都不足以成为欺骗的理由。[45]

二十年后，有人来信咨询，是否可以用说谎的方式诱导异教徒坦白自己的身份。有感于此，奥古斯丁提笔写下另外一篇论文《杜绝欺骗》（"Forswearing Deception"）。他再次重申，对任何用撒谎的方式来替上帝作工的行为都深恶痛绝。他坚持认为，基督徒即便在遭受迫害时也不应该撒谎，而对待多纳徒派信徒，也不应该以威权的方式逼迫他们改变信仰。

当奥古斯丁致信哲罗姆的时候，他并不知道这位才华横溢的作家和学者，其实惯于用谎言抬高自己，用诽谤中伤别人。哲罗姆每到一处，待不了不久就会遭到驱逐，甚至在他的出生地也不例外。几乎没有人愿意和他做朋友，这与几乎没有人愿意失去奥古斯丁这个朋友恰好相反。因此，当奥古斯丁就《哥林多书》的问题再三致信哲罗姆时，伯利恒方面的回应是一通愤怒的咆哮：

> 我的一些朋友，他们自己就是基督的信使（在耶路撒冷和圣地有很多这样的信使），暗示我说，你在利用我以便达到不可告人的目的——通过向所有人宣告你在向我发起挑战而我却不敢应战，从而从那些谄媚的人那里赢得一点鄙俗的名声；您是位学者，大可用书信表达，而我不过是个蠢材，只配哑然呆坐；现在，终于有人忍受不了我的胡言乱语让我闭嘴了。好吧，我承认我对回信一事心存顾虑，因为我无法确认这封信确实是由您所写，而且也不确定您是否口蜜腹剑（就像我们这里一个身份低微的教友所说的那样）。当然，我并不想拒绝我们自己教会中一位主教的来信（哲罗姆只是一位神父），对于一封意在对我进行指导的信指手画脚显然不敬——不过重要的是我在信里发现

了某些异教徒的东西……因此如果您想仗着学问欺辱人，或者只是臭显摆，请去找那些脑瓜聪明、家世良好的年轻人（据说罗马有很多）。他们既有办法也很乐意接受挑战与一位主教就圣经教义展开辩论。我已偃旗息鼓，只想为你的英勇喝彩，就不劳动自己衰老的四肢去和你搏斗了。[46]（哲罗姆比奥古斯丁至多年长七岁，至少年长三岁。）

奥古斯丁用巧妙的自我贬抑作答：

> 您的来信让我感到，自己就像那个自命不凡的达列斯（Dares）一样，被恩特鲁斯（Entellus）用他疾风暴雨般的一通老拳打得头晕目眩。[47]

奥古斯丁此处的比拟来自《埃涅阿斯纪》中一个场景，年迈退役的恩特鲁斯回到赛场，把那个取代自己地位的年轻拳击手狠狠教训了一番：

> 就如冰雹砸向屋顶激起回声

他双手挥拳雨点般落下

把达列斯打得天旋地转[48]


奥古斯丁坚持己见，要求哲罗姆对诚实问题做出回应。哲罗姆最终的反馈模棱两可、软弱无力[49]。此外，奥古斯丁还试着针对拉丁文版圣经的修订工作提出一些建议。而这些显然是哲罗姆没有注意到的。出于传道方面的考虑，奥古斯丁并不支持对教众们业已熟谙的拉丁文版圣经做出太大的修正，这样无疑会招来多纳徒派教徒的指责，认为公教会是在"添油加醋"，以便通过篡改圣经文本的方式灌输自己的意图。但即使是今天，我们也可以看到，有些过于学究化的译文读来确实令人沮丧，让人不由得产生信仰被践踏的感觉。因此，奥古斯丁提议哲罗姆修订拉丁文版圣经，但是修订时以旧约的希腊文版译文为基础，而不是依据希伯来文原文从头来过。哲罗姆当时并不知道奥古斯丁既不懂希伯来语也不懂希腊语，否则他的措辞一定会更加尖酸刻薄：


你——如你这般年纪轻轻，就被捧上主教的宝座——可以在民众面前讲经论道，用充满异国情调的非洲物产装饰你罗马的家宅，但对我而言，能够在我的修道院的一隅，面对身份更为低微的听众或读者低声耳语也就足够了。[50]

尽管奥古斯丁后来和哲罗姆结盟，但显而易见，这两个人从骨子里根本无法理解对方。后来，一些信徒出于好意杜撰了一些情节，再加上纯属捏造的往来信件，勾勒出了两人最后化干戈为玉帛的故事。据传，哲罗姆临终之时两人竟颇为神秘地有一段神交——卡巴乔（Carpaccio）、波提切利（Botticelli）以及其他一些画家后来都浓墨重彩地描绘过这个故事。大概唯有死亡才能给哲罗姆带来持久的朋友。

## 三　希波：崩溃（397—409 年）

397 年，奥古斯丁业已成为神父六年，升任主教两年。他的思考结出果实，并蒙上帝感召，更深地潜入这思考之中，潜入自己的内心之中。正是这一时期，他开始写作《见证录》，这本书用的是一种非常个人化的形式，与他因为主教之职源源不断撰写的布道词、手札、信函大不相同。387 年，在刚刚归信天主教之后的那段时间，伴随着一种想要脱胎换骨的渴望，在新柏拉图主义的思想助力之下，奥古斯丁向着上帝的方向飞升，并迎来了第一次写作上的高峰。397 年开始，他的思想内部发生裂变，开始深入自我，回溯过往，因为那才是得见上帝的地方。他自身的奥秘是上帝的回响；一片不断张开的辽阔疆域在他的"内在"不断地延展，而上帝就隐身其中。"内在"（intus）一词成了他探索的关键："你在我之内，我在我之外。"[51] 上帝"比我更深入我的内在"[52]。于是，如一名洞穴探险者一般百折不挠，奥古斯丁俯身向下更深地潜入自我：

> 我到达了记忆的领域、记忆的殿廷，那里是官觉对一切事物所感受而进献的无数影像的府库。凡官觉所感受的，经过思想的增损、润饰后，未被遗忘所吸收掩埋的，都庋藏在其中，作为储备。我置身其中，可以随意征调各式影像，有些一呼即至，有些姗姗来迟，好像从隐秘的洞穴中抽拔出来。有些正当我找寻其他时，

成群结队，挺身而出，好像毛遂自荐地问道："可能是我们吗？"这时我挥着心灵的双手把它们从记忆面前赶走，让我所要的从躲藏之处出现。有些是听从呼唤，爽然地、秩序井然地鱼贯而至，依次进退，一经呼唤便重新前来。在我叙述回忆时，上述种种便如此进行着。[53]

这些诗行从记忆中喷薄而出。对于奥古斯丁来说，这是一种非常重要的体验，与上帝自永恒之中创造出时间恰可类比。存放于奥古斯丁记忆中的诗句似乎取之不尽，当从他口中诵出时才获得长度，奔涌不断则为长诗，寥寥数节即为短诗。由此可见，世界及其万有皆居于上帝的恒常之中，只依照他的意旨，伴着时代变迁的洪流，不时外化为物质的形态而已。

即便只是诵读一首诗，也可以从中体会到三位一体（上帝的形象）是如何光耀人的：

我要唱一支娴熟的歌曲，在开始前，我的期望集中于整个歌曲。开始唱后，凡我从期望抛进过去的，记忆都加以接受。因此我的活动向两面展开：对已经唱出的来讲是属于记忆，对未唱的来讲是属于期望。当前则有我的注意力，通过注意把将来引入过去。这活动越在进行，则期望越是缩短，记忆越是延长。直至活动完毕，期望结束，全部转入记忆之中。整个歌曲是如此，每一阕、每一音也都如此；这支歌曲可能是一部戏曲的一部分，则全部戏曲亦如此。人们的活动不过是人生的一部分，那么对整个人生也是如此。人生不过是人类整个历史的一部分，则整个人类史又何尝不如此？[54]

弗拉基米尔·纳博科夫（Vladimir Nabokov）①笔下的汉伯特（Humbert）将他的自我意识描述为"两点的无限延伸，可以存储的未来和已然存储的过去"[55]，作者显然读过奥古斯丁的书。时间是未来向着过去穿梭而行，在移动中穿过不可计量之点。"设想一个小得不能再分割的时间，仅仅这一点能称为现在，但也迅速地从将来飞向过去，没有瞬息伸展。一有伸展，便分出了过去和将来：

---

① 弗拉基米尔·纳博科夫（1899—1977 年），俄裔美籍作家，《洛丽塔》的作者。

'现在'是没有丝毫长度的。"[56] 这里的矛盾之处在于，我们知道过去仅仅是此刻的回忆，而未来仅仅是此刻的预期。也就是说，根本就没有真正的现在，或者说除了真正的现在之外皆为虚空。时间，不过是人的大脑在其实并无时间可言的情况下，构建出的一种古怪的互相作用罢了。

包括路德维希·维特根斯坦（Ludwig Wittgenstein）在内的哲学家们认为，奥古斯丁并未找到这个由他自己提出的命题的答案。而伯特兰·罗素（Bertrand Russell）则像那些奥古斯丁的批评家们一样，毫无新意地将这个问题的根源归结为性：

圣奥古斯丁，用主观时间替代了历史时间和物理时间并止步于此，这种过度的主观臆想植根于他浸淫其中的罪恶感。

但奥古斯丁并非要解决一个抽象的哲学问题。他要解读的是自身的奥秘，因为这奥秘正是上帝奥秘的映射。他在探索的过程中发现，自己落入了时间的陷阱，在未来和过去的辩证关系中被撕来扯去，同时又以某种方式置身于时间之外，在"现在"的预测和回忆中将未来和过去握在一处——这也就是为什么在文中，他颇为巧妙地将不同的时态混用在一处："现在从曾将到来的过渡到正在过去的"。奥古斯丁潜入灵魂深处并不是为了挖掘罪恶。他去往那里是为了找寻上帝——而且在那里，他也确实得见上帝。在这段辉煌的中年岁月里，他生命的河流一往无前，且时常有新的发现，这些发现如兴奋的脉动，在《见证录》一书中随处可见。

在这段时期，占据他脑海的主要有三个命题——人类思想的奥秘，上帝从永恒之中创造出的时间，以及神的三位一体的本质。这些命题相互交织，虽然著述时间互有重叠，但针对每一个命题都有一本专著详加阐述。397年，奥古斯丁开始撰写《见证录》，直到401年仍在不断修改润色。400年，他开始写《论三位一体》，而《创世记字解》动笔于401年——这两部书分别完成于416年和415年。所有这些书，除了各自的主题，都涉及这三个重要命题的讨论——事实上，抛开这三个命题，是无法真正理解《见证录》一书的。

《见证录》一书的结构并不统一，关于这一点说法不一。常见的说法是，奥古斯丁用自传体写了十卷后，附上了三卷风格完全不同的论文——哲学篇一卷（第十一卷，论时间和记忆）、圣经研究一卷（第十二卷，论《创世记》）、神学篇一卷（第十三卷，论三位一体）。而奥唐奈[57]的观点较具说服力，他认为后三卷恰如三位一体，每一卷正好对应神圣的三位一体中的一个位格（第十一卷对应圣父创造时间，第十二卷对应圣子道成肉身，第十三卷对应圣灵之爱连接三位一体）。

在公元4世纪与5世纪之交，这些才是奥古斯丁每天真正考虑的东西。不过问题在于：他为什么要在阐述核心思想的三卷内容之前，加上十卷叙事性的自传呢？答案在上文中已有所揭示。奥古斯丁结合亚当之罪描写偷梨的恶行，结合亚当的赤身露体描述公共浴室里的场景，结合该隐之痛记述朋友之死，其实都是在阐释《创世记》，只不过是从个人经历的视角出发而已。正如奥唐奈旁征博引加以论证的那样，他同时也在阐释三位一体。通过前九卷内容，三卷一组（三种诱惑、三种度量现实的方式、三种最重要的美德），奥古斯丁以神学为轴回顾了自己的一生。数字六在书中起到了同样的作用，全书十二卷对应历史上的六个阶段，也对应了《创世记》的六天。奥古斯丁把人的一生依此划分为六个阶段，并在书中描写自己的生活时与之呼应。六从三来，是三的倍数，是三个起始整数之和（1+2+3）。因此，在整部书中，奥古斯丁都是依据神学内涵而不是心理学的需求来决定内容取舍的。

阿尔布雷希特·迪勒（Albrecht Dihle）还令人信服地指出，奥古斯丁正是在这个阶段开始对意志（will）问题进行研究并上升为一种理论的。这个观点之所以重要，在于它不仅仅能够说明《见证录》的结构，甚至还能够解释该书前十卷存在的理由。在崇尚新柏拉图主义的那段日子里，奥古斯丁认为智力活动代表着人类的最高能力，正是凭借这种能力，人类得以居于动物之上、天使之下。当然，撒旦的智力水平与天使类似，比任何人都高，但他缺乏爱的能力，因为源自傲慢的自我意识一旦升起，这种爱的能力就会被摧毁殆尽。394 年至 395 年间，受提科尼乌某些观念的启发，奥古斯丁着手对保罗书信集——《罗马书》和《加拉太书》进行阐释，并对遭到自我囚禁的意志展开研究。他将自己的三位一体神学观建构在一种对上帝赋予的自由意志的理解之上，那就是"爱爱"（*amans amorem*）："爱意味着正在爱的某人和借着爱而被爱的某物。这里你可看到三样东西：爱者、被爱者、爱。"[58]在古典主义思想中，意志的作用曾经被相对忽视，因而导致将过错（wrongdoing）理解为过失（error）——后者是对自己的真正意图缺乏了解而犯下的无心之过。奥古斯丁对此不敢苟同。迪勒甚至认为，"意志"一词作为一种分析工具是由圣奥古斯丁发明的。此后，从早期的经院哲学，一直到后来的叔本华和尼采，许多哲学流派都借助过这一工具。

随着价值观的改变，奥古斯丁开始重新理解自己的过去。从归信天主教前后所写的对话录中可以看出，奥古斯丁当时取得的进展几乎都是智识上的——如同一段旅行，从一个思想流派到另一个思想流派，通过思考一步步加深对神的理解，从而使生命得到净化。等到撰写《见证录》的时候，回望过往岁月，奥古斯丁希望能够更深地潜入灵魂的深处，窥破在自我的傲慢和上帝的救恩之间不断上演的争斗。在花园中发生的那重要的一幕，如今借助使徒保罗的文字昭示出，当时内心的撕扯正是一种伟大力量（恩典）的见证，这种力量仅凭人类一己之力是感召不来的。

奥古斯丁此时对自己归信天主教一事的描述，和他十年后就同一事件所做的描述不尽相同。这一点并不奇怪。在《更正篇》（*Reconsiderations*）中，奥古斯丁提到，他当年所写的对话录既不透彻也欠成熟。在《见证录》中，花园事件被投放在圣经的背景之中，从而得到了新的诠释，而且也凸显出更为深入的内涵。那一刻发生的，实际上是灵魂深处的一幕剧，但当局者迷，奥古斯丁没有能够参透这一点。对于自己思想上的转变，奥古斯丁曾经主要归功于哲学家们的影响，比如曼利乌·西奥多鲁。但在《见证录》中，他开始更为看重母亲的祈祷所起的作用。在奥古斯丁的眼中，甚至连安波罗修都不那么面目可憎了，在他决定接受上帝的救恩之时，此人机缘巧合主持了仪式。《见证录》中这股一路回溯、荡涤所有凡尘俗事的智慧清流，正源自后三卷的思想"高地"。

　　诚然，奥古斯丁对自己过往生活的叙述确实前后不一。我们知道，在所有的欺骗行为中，他最憎恶的是以宗教为由的欺骗。他认识到自己早期对归信一事的理解是不充分的，是需要加以修正的。这正是《见证录》前十卷的写作由来，书中充盈着追求真理的能量，可谓直指人心。亡羊补牢，为时未晚。现在的他，看见了当年的他未能窥其全貌的东西。这十卷书，正是他新观念的完美范例，现在记忆中的过去。在奥古斯丁看来，回归其本来面貌的自我，是有所超越的自我。通过回忆，他重历了带罪的自我，却无须重复罪行。花园中发生的思想斗争，不过是过去时间节点（*distentio animi*）上的一个事件，现在却转化为一种超越时间（*extentio animi*）的不朽连接，和某种穿越时间（*intentio animi*）收放自如的神秘中介。奥古斯丁发现，三位一体在自己的身上无处不在，这不过是其中的又一个佐证罢了：

> "你的右手收纳我"，置我于恩主、人子、介乎至一的你和芸芸众生之间的中间者——各个方面和各种方式的中间者——耶稣基督之中，使"他把握我，我也把握他"，使我摆脱旧时一切，束身归向至一的你，使我忘却过去种种，不为将来而将逝的一切所束缚，只着眼于目前种种，不驰骛于外物，而"专心致志，追随上天召我的恩命"。[59]

拾掇过去自我的碎片，从而重塑自我，正是《见证录》一书的用意所在。

奥古斯丁强调意志（will）的重要性，但并不代表他不看重心智（mind）——正如他在《创世记字解》一书中对光的诠释体现的那样。这部书与《见证录》创作于同一时期，不过书名的译法与奥古斯丁的本意其实不太相符。他其实并不是在做正统派基督教意义上的解经者的工作。为了讥讽威廉·詹宁斯·布赖恩（William Jennings Bryan）①，克莱伦斯·丹诺（Clarence Darrow）②举过一例——为什么上帝在第一天创造了光，直到第四日才创造太阳？——如果照搬"字面"意思，《创世记》中"光"和"昼"就会失去其丰富的含义[60]。为了说明这一点，奥古斯丁也使用过同一个例子。假如我们能够参透，就会发现，尽管圣经文本有多重含义，但还是有其首要之意，也就是上帝的意旨——奥古斯丁承认，他自己就经常无法参透这一节或那一节的首要之意。由于上帝造物具有独一性和共时性，六"日"创造万物并投射到我们的大脑，头一天受造的光是智慧之光，帮助我们理解万物。天使用来自这种光的智慧回应这种光，当他们看到

---

① 威廉·詹宁斯·布赖恩（1860—1925 年），美国政治家、演说家。曾经三次竞选总统未果。

② 克莱伦斯·丹诺（1857—1938 年），被誉为美国历史上最伟大的辩护律师，在其律师生涯中成功代理了许多经典案件，包括：《洛杉矶时报》大楼爆炸案、进化论法庭辩论等。

上帝所造之物的美妙，他们的头脑回应上帝并发出光焰，从而形成了"白昼"。

那么黑夜又为何物？黑夜自然也不可能是物理现象的产物。奥古斯丁曾经轻蔑地说，只有那些"认为地球是平的人们"才会这样认为，因为太阳始终照耀着圆形的地球上的某个地方[61]。如果白昼与回应上帝的智力活动恰相类似，黑夜则象征着天使们有限的知识制约下的有限的创造力[62]。同样的光也照亮我们人类有限的知识，人类作为具有理性思维的物种，永不停息地从事着创造性的活动，原因就在于上帝一直在我们身上创造光。这是"照亮一切生在世上的人的光"[63]。正如诗篇作者所说，"在你的光中，我们必得见光"[64]。奥古斯丁的光耀论的意思是，上帝，作为众善之源，不断地释放出智慧之光，而这光的自动运行照亮人类，这就是为什么奥古斯丁说，上帝"比我还要更深地在我里面"[65]，不仅仅是因为上帝超自然的恩典，而且也因为我们心智的自主运行。我们智力的奥秘揭示着他的奥秘，由此我们得以感知上帝的存在。这才是《创世记》第一章第一节中上帝创造的"昼"的真正含义。光的首要之意是，上帝依据受造物的可理解性，创造了作为它的容器的具备理解力的人。就奥古斯丁个人而言，在这醍醐灌顶的几年里，上帝之光犹如天上之水奔泻而下，荡涤着他的全部身心。

在他的第三部重要著作《论三位一体》中，奥古斯丁再一次深入自己的内在，找寻三位一体的踪迹。记忆—时间具有预言未来、觉察当下、回忆过去三方面的特质，这三个特质动态地存在于灵魂的三种能力之中，即意志（导致行动）、智力（表达现实）和记忆（建立认知）。从中我们可以看到，仁爱的意志之光微弱的映射（代表上帝之爱的圣灵）、上帝之道的表达（道成肉身的圣子）和人类的自我认知（受造于圣父）：

> 如果我们提到，心灵得以记得它自己的内在的记忆、心灵得以理解它自己的内在理解力和心灵得以爱它自己的内在的意志，而在那里这三者又同时在一起，且从开始存在之日起便已总在一起，则不管它们是不是被想到，看来实际上这一（内在的）三位一体形象只属于记忆。但因为没有思想便不能有言辞——我们思想我们说的一切东西，包括我们用那不是任何人的语言的内在言辞所说的东西——所以我们

倒是在记忆、理解和意志这三者中才认出了神
的形象。[66]

在整部书长篇累牍的自我反省中，这个核心类比衍生出
一系列上帝形象的投影——甚至可以说，连一个人的不
可知性，也衍生自神的圣境的妙不可言。对于奥古斯丁
而言，人类的心智是永恒的奇迹："我不知道该如何解释
一个奇特的事实，那就是我们不知道我们实际上是知道
某些事的。"[67] 至于人类的大脑为了自身的需要而衍生出
来的词语，也同样奇妙：

> 词和词交织的方式就像十指交缠：由于彼此
> 摩擦而含义难辨，除非它们彼此分开，有的发
> 痒，有的挠痒。[68]

这十余年的时间犹如神迹，持续不断的创造，加上
蒙受救恩的重生，奥古斯丁发展出了自己最具特色的所
有命题——时间、记忆、自我的内在动力、上帝的内在
动力，以及上帝在灵魂之中的持续做工。即便创作于其
他时期的所有作品都已散佚，仅凭这一阶段的著述，就

足以确保奥古斯丁有史以来最为伟大的思想家的地位，当然也是有史以来最为伟大的作家之一。他的风格在这一时期也更趋深化——《见证录》一书以赞美诗为原型，其一咏三叹的笔法就是这种风格的明证。奥古斯丁布道词中那种烟花般绚烂的风格归于平静，开始为横亘于他的论著中的长虹般的思想服务。他的探究日渐精微，哪怕最和缓的转向都能在字里行间寻到踪迹。他头脑中的观点此起彼伏、互相斗争，充满了戏剧性的张力。这些文本传递给我们的不仅仅是文字著作，同时也是邀请我们进入作者的创作历程之中的呼唤。

## 四 希波：权力之争（410—417年）

当西哥特人的首领阿拉里克（Alaric）于410年攻占罗马城的时候，整个帝国为之震动。哲罗姆从伯利恒写来书信："罗马，世界的俘获者，沦落为被俘者。"[69] 尽管占领这座基督教（天主教）城市的阿拉里克本人是一名基督徒（阿利乌派），但还是带来一种世界秩序即将土崩瓦解的不祥之感，因为这座由异教徒建造的城市正是这世界秩序的基石。非基督徒们断言，基督徒们正在毁掉人类迄今为止创造的最杰出的成就。基督徒们，曾经自夸说，他们保存了古代文明中所有美好的东西，并正在将它们提升到新的高度，现在遭遇了前所未有的信心危机。罗马城内及周边地区的天主教徒，对于自己在阿利乌派统治下的命运疑虑重重，潮水般涌入非洲，带来世界中心崩溃的各种传闻（尽管东、西罗马的两位皇帝信奉天主教，且仍然在他们分别设于拉文纳和君士坦丁堡的朝堂之上发号施令）。新秩序的建立呼唤铁血新政，对此，奥古斯丁的态度是配合的，此举将会在他宣扬人类意志重要性的教牧生涯里投下一道暗影。

公元 5 世纪初，在同时写作三部代表作的情况下，奥古斯丁的日常工作有条不紊地进行——布道、教会改革（奥勒里乌为此召集的会议在迦太基定期召开），以及和多纳徒派没完没了的论战。尽管 403 年之前，天主教徒一直呼吁公开论定，但由于多纳徒派的暴力行为日益升级，拉文纳的西罗马帝国的大臣斯提利科（Stilicho）于 405 年颁发了"合一令"（Edict of Unity）①。自从多纳徒

---

① "合一令"从法律上界定了多纳徒派为异端，同时宣布针对异端的所有法令都适用于多纳徒派。

派参与了吉尔多在非洲的叛乱之后，斯提利科对待该派的立场一直颇为严厉。如今，他搬出反异教法，裁定多纳徒派为异教并展开惩戒。奥古斯丁对斯提利科的政策怀有疑虑，但是他还是在希波执行了该法令。面对无休无止的混乱无序和意见分歧，他本人的立场也变得日趋严厉。

不久，皮尼安事件（Pinian Affair）在希波发生（411年），罗马陷落所带来的动荡局势可见一斑。阿尔庇纳（Albina）是一位虔诚的基督徒，出身高贵且富可敌国。罗马失陷后，他带着女儿梅拉尼亚（Melania）和女婿皮尼安离开意大利，来到了塔加斯特的一处产业。此地正是奥古斯丁的出生地，他的朋友阿利比乌斯当时担任该城主教。阿尔庇纳致信奥古斯丁，邀请他择日来家中做客。因为教会事务烦冗，奥古斯丁复信说无法前来赴约。于是，阿尔庇纳一家在阿利比乌斯的陪同下从塔加斯特来到了希波。尽管奥古斯丁曾经向这几位大人物承诺，在他的教区不会出现来访者被挟持出任圣职的情况，但他所辖教会的会众却不听这一套，企图逼迫皮尼安担任他们的神父。阿利比乌斯试图将遇险的客人带出教堂，却遭到教众们的谩骂指责。他们污蔑阿利比乌斯是为了要将这位基督徒富豪留给塔加斯特，这样就可以操控他的巨额财产了。奥古斯丁对他的教众说，如果硬要皮尼安担任他们的神父，他本人就会辞去主教之职。但当时场面业已失控，他也无力平息事态。奥古斯丁退避后庭，拉上窗帘闭门谢客。皮尼安托人传话给聚集的教众，承诺不会接受圣职，但是同意未来在希波定居，并且不会接受其他教区的圣职。双方就相关条款进行了紧急的磋商，之后皮尼安立下誓言，会遵守双方约定。但是第二天一早，他就悄悄出城离开了 [70]。阿利比乌斯认为，胁迫之下订立的誓言是不具备约束力的，但是奥古斯丁无法容忍任何欺骗行为，况且事关教会事宜，因此提笔写信给皮尼安，叮嘱他必须谨守诺言回到希波 [71]。这种剑拔弩张的气氛逐渐平息后，皮尼安前往圣地成了一名修道士，而梅拉尼亚则成了某个女隐修院的院长。虽然为了戒除殉道者纪念日醉饮狂欢的恶习，奥古斯丁曾经与教众们一决胜负，但从皮尼安事件可以看出，他所在辖区内的教众依旧火爆难驯，为了稳定局面，他依然不得不如履薄冰。

奥古斯丁同时还是一名裁定财产和其他纠纷的地方法官。由于帝国朝廷将行政事务尽可能多地"外放"，执掌教会的主教们不得不代为处理民事纠纷。庭讯听审既耗时又费力，但奥古斯丁认为自己责无旁贷，而且把履行这些日常事务[72]视作普及平等、和谐等社会道德准则的机会。一直以来，他都在游说罗马的朝臣们放弃严刑峻法，宽大为怀，这些政务实践让他为自己倡导的理念提供了范例。奥古斯丁希望帝国的法官们能够刀下留人，他也确实救了不少人。对于这些官僚，他评价甚低："法官的无知对被告人而言就意味着绝路。"[73]

从奥古斯丁的庭审记录中可以看出，在公元 5 世纪，教会与政权密不可分。自君士坦丁大帝宣布基督教为国教的那一刻起，皇帝就掌握了宗教事务的管辖权，负责召集听证会，判定何为正教、何为法律之外的异端。信奉阿利乌主义的皇帝们压制天主教观点，将阿塔纳修（Athanasius）①和其他维护圣三位一体论的天主教主教赶下了主教宝座——而尊奉天主教的皇帝们对阿利乌派分子以牙还牙，同样也毫不手软。反异教法规定可以对异教徒处以罚金、罚没财产、刑讯折磨，甚至处以极刑。安波罗修拒绝承认阿利乌派和犹太人的教会。即便是多纳徒派，也不会挑战反异教法的权威——他们认为自己只是信奉与正统教派不同的教义而已，因此并不承认自

---

① 阿塔纳修（298—373 年），东方教会重要人物，埃及亚历山大城的主教。

己是分裂分子。宗教争端引起的迫害比比皆是，但这种现象在当时并无任何出格之处，而不过是一种常态罢了。

由于宗教的排他性被普遍接受，因此没有人觉得有修正的必要。然而，奥古斯丁却发明了一种先进的折中理论。彼得·布朗认为，奥古斯丁提出这套理论完全出于良心，其目的是在自身的价值观和违心的镇压行为之间找到平衡。在实践的过程中，他从轻量刑，慎用武力，反对刑讯逼供和死刑。他将这套理论付诸文字，也因此给后人留下了话柄。正是他，奥古斯丁，将被视为宗教迫害的帮凶。而别人，比如说安波罗修，就不会面临这样的指控。其实，安波罗修实施镇压的范围之广、下手之狠，都是奥古斯丁做梦也想象不到的。

奥古斯丁曾经借提科尼乌的学说反攻多纳徒派的神学理论。现在，他展开更勇猛的攻势，直捣对方的火药库。提科尼乌在阐述圣保罗的教义时说，犹太教无法蒙上帝救恩，因为犹太律法①是命定的，而不是可救赎的，因此它只能判定人的罪但无法救人脱罪。那么这律法对

① 犹太律法，摩西颁给以色列百姓守持的法规典章条例。圣经中多次提到"律法"（law），律法在新约和旧约中的出现代表三种不同的意义：狭义的意思是指十诫，广义的意思是指犹太律法，更广义的意思是指神的话（word）。

于受上帝眷顾并受其指引的犹太人来说又有何用？这就像是一位老师，强迫孩子们来上学，可是等学生们进了校门，却撒手不管了。

> 那时候，人们遵照律法勉强（*cogebat*）信教。若非如此，罪的业力将无法清除，恩典亦无从寻得。我们听从（*cogeret*）律法拥抱信仰，听从（*cogeret*）律法归入基督，就如听从师长一样。

> 天命繁盛和护卫着亚伯拉罕的子孙（犹太人），律法严苛令人畏惧，许多人勉强（*compellerenter*）信服。

《路加福音》中有一则婚宴的寓言[74]，因为受邀的嘉宾没有出现，主人命人去往篱笆和小道："勉强拉人进来。""勉强"一词在非洲版圣经中为 *coge intrare*，在拉丁文版圣经中为 *compelle intrare*。奥古斯丁在阐释《路加福音》时使用过这两个词，同时他也借鉴了提科尼乌的观点。早在 411 年，奥古斯丁就在布道中说道：

让那些异教徒们从篱笆间被拉出来吧，从荆棘之中被拔出。卡在篱笆中间，他们并不想勉强（cogi）离开："当我们想进去的时候我们自会进去。"但那不是上帝的旨意。他说：勉强他们进来。从外面看是强迫，一旦进入此门自由就会升起。[75]

布朗认为，奥古斯丁绝不是为了替自己开脱而粉饰太平。用日趋完善的后世标准来衡量当年的奥古斯丁，难免有失公允。奥古斯丁的观点源自他逐渐加深的信念。首先，该观点反映出他对自由意志的重要性的强调。信仰并不仅仅是一个智力过程，其中意志的介入在所难免。但是习俗（consuetudo）带来的巨大惯性会囚禁自由意志。多纳徒派与天主教之间根深蒂固的宿仇结成惯性之网，让承继这种仇恨的人们无法晤面、辩论，或者倾听彼此。奥古斯丁认为，如果希望打开这个死结，至少应该赋予多纳徒派倾听的自由，从而使他们有机会了解那些被屏蔽在他们头脑以外的东西。奥古斯丁强调，使用律法的唯一目的，应该是为了传播爱的真理。就像老师严加训导，是为了帮助学生获得教益[76]。disciplina（纪律）一词来源于 discere（学习），依照这种词源学的解释，强迫人们倾听只不过是学习的第一步而已。出于固执和傲慢，人们宁愿成为共犯也不愿失去伙伴。这就是年轻的奥古斯丁在偷梨的小团伙里，以及亚当与夏娃的难舍难分中感受到的东西。这种纽带必须被打破，否则被囚禁其中的人就无法听到福音。

布朗指出，事实上没有几位法官会像奥古斯丁一样心慈手软。好在要不了多久，奥古斯丁就会遇见他的理想搭档马西利努（Marcellinus）。410年，皇帝霍诺里乌（Honorius）派马西利努来到希波任护民官，以平息多纳徒派的骚乱。起因是由于这些"棚屋人"的暴力行动日益升级，天主教徒们在此之前曾经去往拉文纳，恳请霍诺里乌下旨，禁止多纳徒派主教给这些暴民提供避难所。

马西利努临危受命，决定把天主教和多纳徒的主教们召集在一起当庭论战（Conlation），其中落败的一方将依据反异教法裁处为异端。这场生死攸关的伟大对决在迦太基的甲基利乌（Gargillius）公共浴场进行，身为天主教徒的马西利努在主持这场论战时正直公正，堪称典范。"他耐心应对所有局面，主持辩论时富有权威，既不粗暴也不手软，对于应该遵循的准则及双方的权利都抱以律师般的尊重。"[77]

论战之前，马西利努将"合一令"颁布后被强征的教堂还给了多纳徒派，并向他们的主教保证往返会场的途中不会被侵扰。作为天主教阵营的笔杆子，奥古斯丁深度参与了马西利努运筹此事的一些关键性步骤。比如，他签发了一份公开协议，申明如果天主教被裁定为异端，天主教一方将放弃现有的教堂和办公场所，但是如果裁决结果相反，多纳徒派一方则必须放弃他们的教堂和办公场所，除非他们改信天主教。[78]

多纳徒派一方知道，无论会议程序如何公正，作为辩论依据的法令本身就对自己一方不利。既然是背水一战，他们就必须动员尽可能多的主教出席。由于内部持不同政见者不断遭到驱逐，比如马克西米安（Maximian）和追随他的"马克西米安分子"，多纳徒派的主教人数少得可怜。他们力图确保一半席位，以免被对方的气势压倒，同时指出他们认为一些天主教的主教（包括奥古斯丁在内）被授予圣职时不合规制，希望通过质疑其合法性减少对方主教团的人数。会议召开的前夜，多纳徒派同声共气、团结一心，天主教一方却散漫无序，直到最后一分钟还在临阵磨枪，以便能够做到与多纳徒派旗鼓相当。最后，除去因为年迈、身体抱恙或者路程太远未能出席的，共有两百八十四位多纳徒派主教、两百八十六位天主教主教参与了这次大对决。

本着公平、合理、高效的原则，马西利努为大会制定了规则（布伦特·肖认为，究其本质，这样的听审根本做不到不偏不倚）。为了确保双方享有同等的发言机会，避免喧哗吵闹，马西利努让双方各自遴选出七位发言人，并配备七名顾问予以协助，另外分别指派四个人对发言内容做准确的记录。论战第一天，天主教依照大会要求派来十八个人组成的代表团，多纳徒派的主教们却一股脑蜂拥而来，要求全部进入浴场。入场之后，他们又拒绝和"罪人们"坐在一起。身为平信徒的马西利努，不愿意在主教们站着的情况下落座，只好站着主持了一整天的会议。随后，多纳徒派又要求与会的所有主教挨个儿提供证明，以确保他本人能够代表他所管辖的教区，同时具备与会接受对方挑战的资历。在此过程中，一些主教甚至被发现目不识丁[79]。多纳徒派还提出，会议记录不得采用速记法，以便他们当场随时查看记录，以确保所有的笔录都准确无误。

紧张气氛不断升级。其实在此次论战之前，奥古斯丁就曾在迦太基的一次布道中指出，天主教徒应该远离公共浴场，以免陷入混战[80]。一名来自马科玛德（Macomades）的天主教主教试图消除敌意，"不时饶舌地插嘴，对每一个从努米底亚来的人打着招呼"[81]。

辩论好不容易才切入正题，有关叛教者的争议被提出来讨论。天主教方面提供的论据显示，之前被裁定为叛教者的一部分人早已得到平反——奥古斯丁在会议召开之前，就曾向对方提供了其中一些文件[82]。但是多纳徒派胡搅蛮缠，一味拒绝承认。弗伦德描述了他们乱作一团的场面：

> 天主教一方看上去是依照严密的部署发起进攻的，相比之下，多纳徒派对相关论题的准备则显得漫不经心。他们甚至提供了一些对自己的对手有利的文件，而且，正如之前提到过的，直到最后一分钟他们都没能决定是否将时任地方总督的普雷米安（Primian）主教列入代表团名单。大概是担心普雷米安因为马克西米安事件被对方抓住软肋——或者还有其他一些原因（比如过于年迈）。[83]

奥古斯丁的口才、奥勒里乌主教的逻辑，加上阿利比乌斯的律师素养组成了一个铁三角，让多纳徒派难以招架[84]。这场对决的辩论记录读起来非常精彩。当奥古斯丁指出，教派不统一犹如麦子和秕糠混生一处，多纳徒派最出色的代言人，凯撒利亚的埃墨里图斯（Emeritus of Caesarea），立刻口若悬河背诵出大段圣经原文，说明与神对抗的恶（*mundus*）的世界的存在。对圣经烂熟于心的奥古斯丁引用经文针锋相对——"叫世人可以信你差了我来"[85]，"乃是要叫世人因他得救"[86]，"他（借着基督）使我们与他和好"[87]。看到自己一方遭到挫败，多纳徒派代表开始大声鼓噪，阻止奥古斯丁继续发言。"他刚要开口，迎面一阵起哄。"阿利比乌斯此时插进一句话："记录下来他们在打断他。"

保罗·蒙索（Paul Monceaux）用乐评人的笔法将论辩的经过描绘如下：

> 这次盛会情节曲折、诙谐有趣——比如，就辩论双方的策略而言，天主教一方如音乐会一般严整有序，多纳徒派则在扰乱对方的手法上颇具创意。最出彩的要数几位了不起的雄辩

家。在分裂一派的阵营里，君士坦丁的佩提利安（Petilian of Constantine）冲锋在前，他滔滔不绝，兼具想象力和杀伤力，既坚持原则，又机敏圆滑。还有凯撒利亚的埃墨里图斯，同样寸步不让，又不失宽宥大度。虽然啰唆拖沓，但不时迸出智慧的火花。天主教阵营里的奥古斯丁技压群雄，他身边簇拥着一班朋友，个个口才不凡。作为他那个时代雄辩术的代表人物，他的演讲充满激情、谨慎严整，而且明察秋毫、一击致命。[88]

主教们悉数出席的第三次会议于 6 月 8 日结束，马西利努需要做出最终的裁定，他彻夜未眠——6 月 26 日，会议结果以法令形式张榜贴出，多纳徒派被裁决为异端，并依照反异教法执行惩戒。他们将失去自己的教堂及集会的权利，不加入公教者将被处以罚金。正如布朗所说[89]，执法的过程注定不会平顺。首先地主阶层不会乖乖就范，要知道，征收罚金要比征收税金（这是帝国一直解决不了的难题）更为困难。因此，平头百姓反而不会遭到追索，主教们受到的冲击反而会更大——不仅丧失教会的财产，也会丧失保护那些棚屋人的权力（这引发了又一波的自杀风潮）。但是多纳徒派的领袖人物部登提乌（Gaudentius），尽管一直遭到奥古斯丁的猛烈攻击，却在他管辖的教堂里抵制了九年，一直坚持到他去世为止。《马西利努法令》颁布后的武力反抗导致了恐怖主义的蔓延。奥古斯丁手下的一位神父眼睛被挖且被砍掉了一根手指。另外一位神父则被暗杀。除了较大的城镇，这项法令基本上无法执行。根据弗伦德的研究，"在乡村地区，并没有哪座多纳徒派教堂被改造成了天主教教堂，至少考古学家们并未发现任何确凿的证据"[90]。

奥古斯丁在向多纳徒派教徒布道时，倡议双方和谐共处：

> 你们身上，没有什么令我们仇恨，也没有什么令我们厌恶，人皆有过，没有什么是值得揭发或者谴责的。我们反复说，我们之所以嫌恶人类的过错是为了捍卫那神圣的真理，但是我们知道，上帝所有的恩典（圣礼）都与你们同在，无论你们迷途走到哪里，我们都不会放弃……我要找寻的正是这迷途的羔羊，找到后

> 我不会贬损他来自神的形象，我只会轻声责备
> 着靠近他，然后牵起他的手一起回归正途。[91]

他告诫天主教的教众，不要摆出胜利者的架势，在多纳徒派教徒面前幸灾乐祸、落井下石[92]。他许诺，尽管按照规制，一个市镇只能有一位主教，但是只要任何一位多纳徒派主教加入公教会，就可以保留他的主教职务。他本人就甘愿与一位来自多纳徒派的希波主教一起，轮流在他的长方形大教堂中主持仪式。

当谋害他手下神父的罪犯们忏悔的时候，奥古斯丁表示，在他看来，处罚只是一种教化的工具。他请求马西利努免除这些人的死刑、酷刑或鞭笞之刑（罗马惯常使用的刑罚）。

> 我们赞同剥夺罪犯们的自由，以防止他们
> 犯下更多的罪行。但是我们希望到此止步。在
> 保全性命和四肢的前提下，法律的强制力可以
> 帮助他们远离癫狂、恢复冷静，分配他们去做
> 一些有益的劳动可以补偿他们所犯下的过错。
> 即便这终究还是一种惩罚，那它也更像是一种

服役而不是酷刑。当伤害他人的愤怒之火被熄灭，一定会带来幡然悔悟后的救赎，谁又会质疑这一点呢？[93]

他完全有理由去仇恨，但他却选择去保护这些罪人，而且身体力行，绝非说笑。马西利努的哥哥时任非洲总督，奥古斯丁给这位总督写了一封信，希望问题能够得到切实的解决：

> 要想治愈被诱惑毒害的灵魂，不妨去读一读庭审记录。当你读到血腥的刑讯场面，是否会有不忍卒读之感？对于我们来说，如果没有减轻刑罚的可能，与其为了给被谋杀的兄弟复仇而造成更多的流血，还不如将他们当庭释放。[94]

单单这些还不够。由于没有得到赦免这些人死罪的保证，他告知马西利努，准备向皇帝陈情，要求宽大处理。毫无疑问，即便这种情况发生在今天，人们也一定会批评奥古斯丁过于心慈手软了。[95]

有人认为，奥古斯丁此举只是不想给多纳徒派的殉道者名单上增加新的名字，以防止他们打着新的殉道者的旗号卷土重来。这也许确实是一种考虑，但是他确实坚决反对任何一种死刑——若按照奥古斯丁的观点，哈姆雷特的故事就会有另外一种解释，哈姆雷特不愿在叔父祈祷时杀死他，让死亡把他直接带往地狱，他唯愿把他当场抓获，让他无可辩驳。奥古斯丁认为，罪犯需要时间去冷静思考、去忏悔和祈祷。奥古斯丁从自己的经历中领悟到，上帝安排一个拒不认罪的人出现，大概另有用场。唯有爱才能让一个人真正迷途知返。

"依照你的心意行事，只要这行为出自爱。"[96]这句话常常遭人诟病，但如果惩罚确实能够助人改邪归正，这句话也就说得通了。有些人把这句话理解为，爱的信念赋予人无限自由。但在奥古斯丁看来，爱本身就自带约束力。他在为劝诫他的基督徒道友所写的《论加拉太书》（*Commentary on Paul's Letter to the Galatians*）一文中第一次提到这种说法：

> 我们不应该责罚另一个人的罪过，除非我们确信，在反省自己的内心时，在上帝的面前，我们的所作所为都是出于爱。如果那个遭你责

罚的人开口辱骂你、威胁你、中伤你，使你的心灵受到伤害，那么，如果要想治愈他，你必须缄默不语，直到你自己的伤口先行愈合。以免你落入世俗的窠臼，出口伤人，使你的舌头在罪中化为伤人的利器，以牙还牙。从一颗受伤的心灵中发出的只会是复仇者的怒火，而不是教导者的仁爱。"依照你的心意行事，只要这行为出自爱。"当你清晰地意识到，从你的舌尖射出的是上帝的宝剑，是为了将这个人从罪恶的牢笼中解救出来，那些责备的话里就不会有恶意。而且如果，正如事情经常发生的那样，你出于爱采取了某种行动，并带着爱前行，但是由于遭到拒绝心里逐渐发生了变化，从一个施罚者的道路上偏离开来，变成了一个攻击者——那么最好，用你的眼泪涤净这尘埃，记住我们没有权利因为别人犯了错而落井下石，因为每一句责备都是罪，而苛责于人变成罪人要比慈悲待人成为善人更容易。[97]

在阐释《约翰福音》第一篇的布道词中，奥古斯丁也用过这句话，广泛深入地探讨了爱的含义。

> 不同的境况下，有的人看起来凶狠但却心中有爱，有的人看起来和蔼却居心叵测。父亲会给儿子一顿老拳，皮条客却一味奉承讨好。试想如果是你，是要拳头还是要奉承——谁不想享受奉承避开拳头？但是请注意行为背后的动机——拳头出于爱，奉承出于恶。我认为，人类行为的好坏应该从是否源于爱来判断。许多事物表面看起来很好，但却不是建立在爱的基础之上——就像是开在荆棘上的花朵。另外一些事物看起来粗糙、令人生畏，但却是依照爱的法则浇灌而成。简单一点来说，就是："依照你的心意行事，只要这行为出自爱。"如果沉默，请因爱而沉默。如果责备，请因爱而责备。如果悔过，请因爱而悔过。如果宽恕，请因爱而宽恕。让爱深深地植根于你，善就会由此生发。[98]

奥古斯丁是在切实地传教，而不是为了粉饰自己的镇压行为。不过正如布朗所言[99]，即便是阿利比乌斯也没有把他的话当回事。所幸奥古斯丁有马西利努作为后盾，这位护民官坚强有力，又富有同情心，且一心追求真理，奥古斯丁后来将《上帝之城》的第一卷题献给了他。但是正当两人为了顺应411年公决之后的形势修订律令的时候，护民官本人却因为一场政变的牵连被捕。413年，马西利努在政变后的"清洗"行动中被处死，这无疑是一场悲剧。正如以前为了那些犯人向护民官呼求时所做的那样，奥古斯丁尝试通过各种渠道上诉，恳求宽大处理，只不过这次的拯救对象变成了马西利努本人。奥古斯丁前往监狱探视，并寄希望于不久之后的一次大赦，但是大赦还没到来，马西利努就被匆匆处斩了。

对于奥古斯丁来说，这无异于当头一棒。对此，布朗有过一段深刻的剖析：

在这生死攸关的时刻，奥古斯丁的表现证明，他并不是安波罗修：他缺乏一种坚信自己可以掌控整个事件的倔强和自信，而这两种品质在与他同时代的那位伟大的教会政治家的身上却特别显著。这一事件，从一个更深的层次上看，标志着奥古斯丁生命中一个时期的结束。

吊诡之处在于，就在罗马帝国和罗马公教会之间的联盟得到有效巩固的时候，奥古斯丁却对此失去了热情。他现在不再需要去说服他人了。奥古斯丁似乎失去了确信：他转而求助于更消极的看法。[100]

在马西利努被处死之前，奥古斯丁曾将自己的新作《上帝之城》题献给他，作者的悲观倾向在这部书中已见端倪。写作此书的缘起在于罗马陷落后基督徒们所感受到的混乱无序。对于当时的人们而言，罗马就是整个人类历史的法度。罗马不再，世界存在有何意义？奥古斯丁撰写此书的首要之义，就是要废黜罗马在人们头脑中这种根深蒂固的印象。罗马已经不再是那座能够满足人类心灵需要的城市了。唯有上帝之城能够做到。

在书中，奥古斯丁试图消解人们心中对罗马文化的依赖，但对于罗马文化所取得的成就并无多少攻讦之辞，这多少有些矛盾。用哲学减轻痛苦是希腊人和罗马人惯常的做法，而且是有其固定文体的，这种文体被称为"劝慰文"（consolatio）。奥古斯丁撰写了一篇生动鲜活的"劝慰文"，以悼念在这座古老城市陷落之时被杀害、驱逐、劫掠、奸淫的人们。他汲取了这种文体不以苦乐为意的恬淡风格——死亡是寻常的、自然的、不可避免的，一种我们所有人都无可回避，在某一时刻必然经历的东西，因此无论死亡何时降临，都不意味着更好或是更坏。[101]他借用异教的格言说明，无论肉体遭遇了什么都不重要，只有精神是珍贵的，并赋予它一种基督教的内涵：在罗马陷落中被奸淫的妇女并没有失去她们的贞操，贞洁只在于心灵，与肉体是否被他人侵占毫无关系。即便肉体出于本能产生了反应（他指的是女人生殖器遭到刺激后的自我润滑），只要她在内心并不屈就那就不是罪过。没有人应该为这种强加在自己身上的羞辱而自杀。上帝不仅能安慰也能宽宥，但是自杀却会使一个人被置于无可挽回的境地（在反对死刑的论战中他也申明了同样的观点）。鲁克丽提娅（Lucretia）不愿顶着被强暴的屈辱苟活而自杀，罗马人因此对她大加礼赞。比起上帝的慈悲来说，他们更在意人类的骄傲[102]。奥古斯丁认为，鲁克丽提娅所犯之罪要比塔昆（Tarquin）犯下的更为严重："他夺走了她的肉体，而她夺走了她的生命。他施以强暴，她犯下谋杀。"[103]

在《上帝之城》第二卷，通过解构自己最喜爱的诗歌《埃涅阿斯纪》，奥古斯丁谱写了一首长长的"翻案诗"

（palinode）。维吉尔写道，众神要将罗马建造成正义穹顶下的神圣秩序的象征。奥古斯丁则断言罗马从未成为，也不可能成为这样的象征。没有哪座尘世之城能够成功，只有上帝之城才可能拥有完美的秩序。

那么罗马究竟是怎样一座城呢？是与上帝之城恰成两极的对立物吗？奥古斯丁认为不能一概而论，因为善良的基督徒也参与了罗马城的运行——比如正直的官吏马西利努、富有影响力的捐助人梅拉尼亚和皮尼安。在与多纳徒派论战时，奥古斯丁认为，世间的教会是一个混合体，会有秕糠自麦子里生长出来。同样，俗世的政府机构中也会有麦子自秕糠中生长出来。如果两者都是混合体，都由同样的两类人杂居其间，那么又该如何对两者加以甄别呢？

讨论至此，奥古斯丁又搬出了提科尼乌的观点。提科尼乌同样认为教会是一个混合体。但他是将基督的子民（基督徒的群体中也有一些罪人）和撒旦的子民做对比（由罪人组成，但是也混杂着一些基督的子民）。他是在用末日审判的视角来解释人类历史——向着最后的收获之日行进，圣人和罪人终会分开。

这种视角当然可以借鉴，但是不能轻易借鉴，因为它容易与摩尼教所描绘的善恶观相混淆——两种力量各自存在，一种是绝对的恶，一种是绝对的善，善与恶在人类历史污秽的战场上争斗不休。与摩尼教决裂时，奥古斯丁已经认定，恶不可能独立存在。现在他认为，纯粹的恶只会自我清除。恶必须拥有某种善作为"载体"，否则无法存在。

因此，奥古斯丁并没有选择用撒旦之城去和上帝之城进行比较，他谈到堕落后的人类之城（the City of Man），或者说世间之城（the Earthly City）——这座城由于亚当的堕落而得以存在，后来被该隐发现并把它建设成为真正的人类社会。奥古斯丁将提科尼乌从圣经中借来描述撒旦之城的所有象征，都用来说明这座人类的城市，也就是巴比伦城，圣城耶路撒冷与之遥遥相对。

但是由此会导致一个问题，读过奥古斯丁早期著作的读者一定会发现这一点。如果在人类历史上存在上帝之城与人类之城两座城，是不是就意味着会有四种群体共处其间，两种属于人类，两种属于天使——未堕落的天使和堕落成为魔鬼的天使？在该书十二卷的开篇，奥古斯丁承认只有两座城，好的天使住在上帝之城，恶的魔鬼住在人间之城。但是这就又兜回到提科尼乌所描绘的上帝之城与撒旦之城对峙的图景，这并不是奥古斯丁的本意。

奥古斯丁认为，即便是撒旦统治的地狱，就其自身的运行而言，也有某种"善"隐含其间。一个抢劫团伙如果能够成事，就说明在具备作恶能力的基础上有着某种被误用的"善"——这不仅仅是因为恶人也由上帝创造，而且因为他们能够集体行动，有福同享、有难同当，能够在合作的基础上求存。即便是自恋行为，也是爱恋上帝在自己身上创造出来的美好的东西。

依照古典思想，社会是建立在公义的基础之上的，而奥古斯丁为古典思想的发展赋予了新的方向。早年，奥古斯丁曾经声言，西塞罗对于公民团体（*civitas*）的定义并不准确。像他的前辈柏拉图一样，西塞罗认为社会建构在其成员对公义的共识（*juris consensu*）之上[104]。奥古斯丁则认为社会构建在人民之所爱（*rerum quas diligit*）的基础之上[105]。我们可以再次看出，在奥古斯丁眼中占据首要位置的是意志，而不是才智；是爱，而不是公义。

但奥古斯丁并不是认为公义不重要，他不过是觉得，公义并不像大家惯常所认为的那么重要罢了。不管身处何种情境之下，人类都应该公正行事。对这一点，奥古斯丁是充分认同的，正如他说过的那句名言："在缺乏公义的情况下，政权不就是有组织的匪帮吗？"[106]但需要注意的是，奥古斯丁认为，社会组织的范畴同样延伸到诈骗团伙。因为这一范畴足够大，所以合乎公义和不合乎公义的组织都同样海纳其中——因此，也赋予了他对"世间的组织"抱有拥护和忠诚态度的可能性。尽管政治理想在实践的过程中总是千疮百孔，他仍然劝导基督徒们成为守法公民，谏请官吏们尽量廉洁奉公。

事实上，他所界定的社会范畴甚至包括地狱，那里私欲横流，从而催生了一个堕落的社会。一个人爱自己，实际上是爱灵魂深处那个来自上帝的形象（奥古斯丁《论三位一体》一书中的说法）。但当一个人因为爱自己而与上帝对立起来（"恨"上帝），这种爱就转变成为一种毁灭性的力量。比起普遍意义而言的社会范畴来说，奥古斯丁所描绘出的这种社会现实要复杂得多，从其中的各个角落发出不同的声音，众说纷纭，变化莫测。他谴责世间之城的用意，其实是为了谴责罪恶渊薮的撒旦之城。正如保罗在使用"肉体"一词时，他所指的并不仅仅是作为物质存在的人的肉体，同时也象征着肉体内部深埋的欲望。再比如，圣经中有"世界"（mundus）遭受天谴一说，这里的"世界"实际指的是"世俗习气"（worldliness），人与世界因上帝之力本来和谐，但这种世俗的习气却让人类背离了上帝的本意。

尽管人们最终会分别进入上帝之城或者欲望之城，但当下一刻却无法分辨。今日的罪人或许是明日的圣徒，反之亦然。端坐于尘世教堂之中的，或许会堕入地狱；摒立于教堂门外的，也许会荣升天国。在末日审判之前，麦子和秕糠一起生长，经常良莠难辨。奥古斯丁认为，他人的灵魂是不可知的——为了避免误判，有必要始终保持一种敬畏之心。

奥古斯丁浸淫在圣经的隐喻中思考，他的分析富于变化、有多重维度，且充满活力。提科尼乌曾经提到，有些象征物，比如晨星或者山脉，适用于上帝，但有时候也适用于撒旦。对于那些希望一切整饬有序、眼中揉不得沙子的人们，这无疑为当头一棒。他们想当然地认为，奥古斯丁笔下的两座城市，一定象征着教会和国家、天堂和尘世、时间和永恒。然而，无形中，时间突然被永恒洞穿，不管是罗马城还是天主教会，都同样是沧海一粟罢了。上帝和撒旦的子民混杂一处，裹挟在从匪帮到大公会议等各色群体的队伍之中蹒跚而行。灵魂的真正戏码其实是在大幕之后上演的。奥古斯丁说，世界就是一支"盲目的军队在黑夜里交锋",他自有这样说的道理。尽管当马修·阿诺德(Matthew Arnold)[①]用笔写下这些话的时候,意在宣布上帝之死,但对于奥古斯丁来说,这种景象直接来自隐身在其神学理解背后的上帝,来自一种无法言喻的神意。奥古斯丁认为,圣人和罪人共存于世的原因并不在于社会公义,其实并不是每个人都有必要把社会公义当作人生目标。但是在错综复杂的社会纽带中,存在着一些美好的事物,它们看得见、摸得着,值得所有人共同去保护和爱。亚当和夏娃之间爱的纽带(社会关系 [*socialis necessitudo*])带来了万劫不复的恶果,但同时也带来了人类社会的完美和谐。

后启蒙时代的自由主义思想在宽容度上所达到的高度和成就是前所未有的。社会纽带被视为非理性的部落遗存而被抛弃,从而使人类彻底挣脱了束缚。自由主义试图在法律框架和绝对公平之上实现和解,其思想成就斐然,但也为之付出了代价。一旦直面宗教、种族、爱国主义、传统这一类"非理性"的社会纽带所带来的问题时,这种自由主义就会陷入无法自圆其说的泥淖中而

① 马修·阿诺德,英国诗人、评论家,曾任牛津大学英诗讲座教授。

无力自拔。自由主义思想不啻为一剂高明的药方，但只适用于某些特定的环境，而奥古斯丁的高妙之处在于，他对社会的描述覆盖了社会的全部，包括符合自由主义理想范畴的，也包括不符合其范畴的。对于像红衣主教纽曼（Cardinal Newman）这样的奥古斯丁研究者来说，这是某种"存在"现实主义（"existential" realism），按照他的说法，有形的社会具有"某种将信仰、信念、法规、惯例、传统、寓言和准则等汇于一炉的聚合能力，包括政治、社会、道德等等，所有这些合力服务于某个确定的政府组织或者国家机器（modus vivendi），并理所当然地将之视为自己的活动范围"[107]。这种奥古斯丁式的现实主义在纽曼这样的天主教徒身上可以找到，在休谟这样的无神论者身上也可以寻见。休谟写道："人类社会有其格局，人们借助这种格局与古老的政府形式黏着在一起——切断这样的纽带是困难的，有时也是危险的。"[108] 休谟的政府论的基础是社会假定，他所说的这种社会"意见"（opinion）与奥古斯丁所说的社会"偏好"（predilection / quas diligent）颇为相近。奥古斯丁的分析并不囿于休谟（或者伯克①）

---

① 埃德蒙·伯克（1729—1797），爱尔兰哲学家、政治家、作家，被视为英美保守主义的奠基者。

这样的保守主义哲学家的观点，他的思想在詹姆斯·麦迪逊（James Madison）①——后者拥护共和政体——那里也可以寻到踪迹，这位共和党人同样认为社会意见应该付诸实践。

> 人的理智，就像人本身一样，一旦落单，就会胆怯和顾虑；只有与之为伍的人群的数量足够多才会获得足够的坚定和自信。如果有例在先，且数量足够多、历史足够长，效果就会成倍加强。基于此，理智会不断发出声音灌输遵纪守法的观念。当然在一个由哲学家统治的国家里另当别论。鉴于一个由哲学家统治的国家与柏拉图所盼望的由富有哲学修养的国王统治下的理想国一样难以实现，因此在其他国家里，即便是最具理性的政府都不会小看社会团体的成见的作用。[109]

彼得·布朗从社会科学的现代经验主义成果中，发现了

---

① 詹姆斯·麦迪逊（1751—1836），美国第四任总统。曾领导进行了第二次美英战争，保卫了美国的共和制度，为美国赢得彻底独立建立了功绩。

一种关于社会偏好扮演重要角色的奥古斯丁式见解：

> 现代社会学和社会心理学的研究成果显示，对政权的服从度和社会的黏合度均借助于某种中间物得以保障，其组成要素是非理性的，自觉或半自觉的，就像年幼的孩子面对权威时表现得各不相同。这些要素围绕着内部约定俗成、共同遵守的规范固化成为一个整体，诸如能够被隐约感知到的安全感、崇高感、幸福感，以及意识层面对某些价值的认同度。所有这些构成了某种倾向，与奥古斯丁所说的偏好（*dilectio*）相类似。[110]

二十二卷本的《上帝之城》是一项"了不起但苦不堪言的工作"，花费了奥古斯丁整整十五年的时间[111]。他渴盼政府有所作为，哪怕只是获得暂时的和平。随着岁月流逝，这种渴望越发强烈。他盼望开明官吏的出现，最初寄望于马西利努，可惜这个希望残酷地破灭了。417年，这种希望又死灰复燃，一位名叫卜尼法斯（Boniface）的基督徒官员被派来非洲，出任罗马军队的指挥官。奥古斯丁之前曾经为马西利努撰写一篇针对多纳徒派问题的长篇策论，如今他重新发给了卜尼法斯[112]。因为卜尼法斯肩负着防御撒哈拉沙漠中蛮族进犯基督教非洲的戍边要务，奥古斯丁又于418年专门为他撰写了一篇谈论军事伦理的短文——申明只应为捍卫和平而战，战争中应该尽量减轻伤亡；即便是敌人也该有申辩的权利，对于被俘者要宽大为怀，不应该动用死刑，等等[113]。

有些人认为奥古斯丁对尘世之城完全嗤之以鼻，那么不妨了解一下这桩史实：这位年近七旬的主教大人，从希波出发，跋涉了一百九十多公里去和卜尼法斯会面，只为了劝说这位指挥官不要放弃世俗权力去当一名修道士。他说，维护政权的稳定从而护佑基督教的和平，也是上帝赋予的神圣使命。[114]然而，卜尼法斯在才智及为人方面都无法与马西利努相提并论，奥古斯丁的梦想再度破灭，但是两人之间的交往说明，奥古斯丁的社会组织理论绝非一纸空谈。

同一时期，在奥古斯丁的教牧生活中，权力斗争同样居于核心的位置。419年，一位因桀骜难驯被逐出非洲教会的神父阿比阿瑞乌（Apiarius）前往罗马朝觐，希望恢复其神职。教皇佐西马（Zosimus）特遣使节前往非洲调查。为了抗议教皇干预此事，一次特别会议在迦太基召开（二百二十名主教出席，足见兹事体大）。为了表示师出有名，教皇的使节援引了尼西亚大公会议（the ecumenical Council of Nicaea，325年）的有关条款。正如在与多纳徒派对决的主教大会上表现的那样，奥勒里乌和奥古斯丁显得对相关的条款更为熟谙，他们指出：尼西亚大公会议并没有赋予神父越过比他们级别高的主教，直接向教廷申诉的权利。使节们继而质疑非洲教会文件的准确性，奥古斯丁提请派出代表团专程前往东罗马核实文件的准确性。教皇代表团不得不就此作罢。

非洲教会的态度一贯彬彬有礼但异常坚决。这不是他们第一次挑战教皇佐西马的权威了。418年，教皇赦免了帕拉吉乌（Pelagius）异端的罪名，非洲教会派出一个秘密使团前往谒见皇帝霍诺里乌，并裁定帕拉吉乌有罪——一次全体主教大会立即在迦太基召开，以支持皇帝的裁决。佐西马被迫让步并签发了有罪裁决。荒谬之处在于，罗马教廷后来将这次落败宣布为教皇至高无上权威的胜利。在教皇被迫做出二次裁定之后，奥古斯丁对他的教堂会众们说：

调查过程中，两次会议的报告都被送往罗马教廷（the Apostolic See[①]），但只有一份报告返还。这件事到此为止——我希望异端也能到此为止。[115]

这段话后来被教皇方面的辩护者们演绎为："罗马方面发了话，此事（*causa*）到此为止。"

　　罗马和迦太基就帕拉吉乌一事博弈的背后，其实隐藏着更深层的权力斗争。415年，当奥古斯丁被卷入其中时，这一斗争已经持续几十年，仇恨滋生已久且代代传袭。罗伯特·埃文斯（Robert Evans）的著作《帕拉吉乌：研究与评价》[116]（*Pelagius: Inquiries and Appraisals*,1968年）一书颇具前瞻性，目前学界在该书发现的基础上正在重新梳理这一事件的来龙去脉。造成奥古斯丁与帕拉吉乌之间敌对关系的始作俑者实际上是哲罗姆。奥古斯丁与帕拉吉乌都曾在罗马待过一段时间[117]（383—384年，387—388年），但两人仅于411年在迦太基有过一面之缘。至于哲罗姆，是在罗马期间结识这位来自英国的苦

---

① the Apostolic See，罗马教皇的直辖教区，罗马教廷之别称。

行者的——这为哲罗姆后来嘲笑帕拉吉乌的外貌提供了足够的谈资，在哲罗姆的口中，这是个"歪着头"，"肚子里灌满苏格兰肉汤的胖子"，而且"走路摇摇摆摆的，像只乌龟"。

394 年，哲罗姆在伯利恒听说，帕拉吉乌正在抨击他所写的针对约维尼安（Jovinian）的小册子，两个人的关系进一步恶化。约维尼安宣称，基督徒的婚姻和终身侍奉神的守贞不字同样值得称道。哲罗姆的回应十分偏激，不仅声称婚姻是邪恶的，而且表示即便后来以身殉道，也不足以洗刷从女人身上得来的染污。这种大放厥词甚至让罗马城中支持他的那些盟友也受不了了。正如 J.N.D. 凯利（J. N. D. Kelly）所描述的：

> 哲罗姆的盟友们慌作一团。他们不久就会看到，他的夸大其词和口无遮拦，对于他和他们希望支持的事业来说会造成多么大的伤害。为了尽可能收回这些已经分发出去的令人尴尬的小册子，帕玛丘（Pammachus）可以说使出了浑身解数。[118]

罗马期间，帕拉吉乌曾经从鲁菲努（Rufinus）所在的贵族文化圈子里汲取了不少营养。鲁菲努过去曾是哲罗姆的朋友，后来哲罗姆把他身边一位富有而高贵的保护人游说走了。这位保护人就是阿尔庇纳的女儿梅拉尼亚。（罗马陷落后，曾经被奥古斯丁教堂里的教民逼迫领受圣职，险些无法脱身的那位皮尼安就是她的丈夫。）

像阿尔庇纳一样，帕拉吉乌在阿拉里克攻城的时候离开了罗马，先是穿过西西里到达非洲，然后从那里去了耶路撒冷。414 年，在耶路撒冷，哲罗姆再次将矛头指向了他，称他为一名"奥利金分子"。在此之前，为了抨击奥利金（Origen）的观点，哲罗姆曾经发动教会搜捕女巫，布朗将这次行动命名为"公教会第一次女巫大搜捕"（the Church's first witch hunt）。奥利金是一位胆量过人的思辨家，鲁菲努在罗马时翻译过他所著的《圣经评注》。当阿尔庇纳、梅拉尼亚和皮尼安来到圣城耶路撒冷时，哲罗姆将他们从鲁菲努的圈子拉回自己的阵营——尽管他曾经诋毁梅拉尼亚的祖母梅拉（Melan）以及那些与她同名的人，他宣称"仅从名字就能看出她作为黑暗的背叛者堕落得有多深"[119]。

奥古斯丁本来并不想陷入这种口舌之争。按照布朗的说法，原因在于他的朋友们，比如阿尔庇纳和诺拉的保林，都非常欣赏帕拉吉乌。他们所在的圈子对这位布里顿人（the Briton）的美德可谓交口称赞。更何况，与帕拉吉乌开战无疑意味着就会和哲罗姆站在一个阵营，奥古斯丁对此疑虑重重——只要你与哲罗姆为友，你的敌人就会纷至沓来。413 年前后，在从耶路撒冷写给奥古斯丁的一封信中，帕拉吉乌曾经真挚地表达自己对奥古斯丁著作的仰慕之情，特别是对话录《论自由意志》（*Freedom of Choice*）。奥古斯丁的回信是一张表示感谢的便笺，两年后这张便笺被帕拉吉乌用来证明奥古斯丁是他的支持者。其实对于奥古斯丁而言，这不过是几句客套话而已，他认为帕拉吉乌不可能看不出自己的态度是有所保留的。

帕拉吉乌的门生凯乐斯提乌（Caelestius）言行莽撞，由于否认亚当之罪给人类带来死亡，411 年被非洲公教会判为异端。马西利努之前就曾对凯乐斯提乌所持观点表示担心。413 年，奥古斯丁撰写了两篇文章《论惩罚与赦罪》（"What Sin Deserves"）与《论圣灵与仪文》（"The Spirit and the Letter"），用以驳斥其观点，不过当时尚未给这些观点贴上帕拉吉乌派的标签。

415 年，奥古斯丁读到了由帕拉吉乌本人所写的《论本性》(*Nature*)一书，书中认为亚当的堕落并不是造成人类本性亏缺的原因。帕拉吉乌书中援引的内容几乎全部来源于天主教的权威著作，在奥古斯丁看来，这种做法尤其具有危险性，他最终向帕拉吉乌开炮，用《论本性与恩典》(*Nature and Grace*)一书对这位不列颠修士的《论本性》一书做出回应。哲罗姆在一旁煽风点火，声言他们应该将不同观点置于一旁，并肩联手对付帕拉吉乌[120]。416年，哲罗姆连珠炮似的给奥古斯丁连发了四封信（目前仅有一封存世）[121]。

415年，巴勒斯坦公教会宣布帕拉吉乌无罪。哲罗姆在东罗马帝国已失去影响力，他转而寄希望于西罗马帝国公教会为帕拉吉乌定罪。奥古斯丁致信东罗马帝国公教会的核心人物——耶路撒冷主教约翰和亚历山大城主教西里尔（Cyril）——问询豁免帕拉吉乌的立场何在。确信东罗马帝国公教会做出了错误裁决之后，他立即启动了一向务实高效的迦太基主教会议，谏请霍诺里乌裁定帕拉吉乌有罪，并最终获得了教皇佐西马的附议。但是"此事到此为止——我希望异端也能到此为止"的愿望并未实现。奥古斯丁步入一片泥淖，余生的十五年里他都将深陷其中无法脱身。

# 五　希波：罪恶、性和死亡（418—430 年）

教皇佐西马派出特使前往非洲调停阿比阿瑞乌神父事件时，曾经激起非洲本地教会的强烈抗议。418 年，当他要求奥古斯丁带领一队非洲主教前往凯撒毛里塔尼亚<sup>①</sup>解决当地的教会争端时，就显得成熟得体得多——对于奥古斯丁来说，此次西行无疑是一次漫长的旅行，从迦太基出发，大约需要跋涉一千两百多公里的路程（他当时正在迦太基参加一次会议）。时值盛夏，而且奥古斯丁受命前往时，他已经是一位六十四岁高龄的老人了[122]。毛里塔尼亚的教会组织不够完善，他们既没有派人参加 411 年与多纳徒派的大对决，也没有参加 418 年制裁帕拉吉乌的主教大会。奥古斯丁边旅行边工作，他安排颁发了关于多纳徒派教众安置问题的文件，在凯撒利亚召集了一次公教会议，以调解当地主教们之间的关系。会议期间，有人发现多纳徒派主教埃墨里图斯正在会场门外的广场

---

① Caesarian Mauretania，古罗马行省。

上徘徊，于是邀请他进入会场和他的基督徒兄弟们坐在一起。但当受邀发言时，他却拒绝了。通常，极端的多纳徒派教徒会断然拒绝与天主教的"罪人们"同处一室，因此，奥古斯丁问埃墨里图斯，为何他愿意进门却又拒绝说话？同时声明，他只想以理服人，并无任何强迫之意。埃墨里图斯的回答言简意赅："此事恰能证明我现在是被征服者还是征服者，我是被真理征服的还是被武力征服的。""那么你为什么要进来呢？"奥古斯丁问道。"为了回答你的问题呀。""我的问题是：你为什么进来？如果你没有进来的话我就不可能问你这些问题了。"埃墨里图斯只对着抄写员高深莫测地说了一个字：*Fac*（意为"记下来"）。奥古斯丁让阿利比乌斯宣读了和解性的条款，允诺会帮助迷途知返的多纳徒派主教恢复其主教的职权，但是埃墨里图斯仍然不置一词。奥古斯丁结束会议时说："我们只能为他祈祷。谁又知道上帝的意旨呢？"埃墨里图斯，这个多纳徒派最雄辩的人物，就这样以一个三缄其口的形象留名青史。[123]

奥古斯丁返回希波教堂时已经是五个月后了，这对他来说是非常少见的现象（他历来不会错过大斋节或者复活节前对受洗者的教义指导）。很多事务需要加紧处理，但不凑巧的是，拉文纳的朝堂之上也有一堆麻烦事在等待着他。一位颇富魅力、才识过人的年轻主教朱利安（Julian），正在那里游说极富声望的贵族瓦勒里乌，想让他相信奥古斯丁从内心来说仍然是一名摩尼教徒，而且企图破坏基督教的婚姻制度。瓦勒里乌是一名已婚的虔诚的基督徒，朱利安亦然。

奥古斯丁没想到暗箭会从这个方向射来。朱利安的父亲和岳父都是主教，而且是虔诚护教的诺拉的保林的朋友。朱利安娶了一位主教的女儿，在他们的婚礼上，保林曾经赋诗一首，祝福他们缔结的婚姻子嗣绵延，并承继家族传统诞生更多的主教。408年，朱利安的父亲向奥古斯丁求书一册，并将这本《论音乐》（Music）赠予其子，当时的朱利安还只是一名年轻的教堂执事。奥古斯丁赠书时曾邀请朱利安前来希波做客——大概也是有意为人才匮乏的非洲教士队伍延揽贤才。奥古斯丁并不知道朱利安对非洲心存蔑视——也许是因为后者对非洲教会逼迫教皇佐西马让步并裁定帕拉吉乌有罪一事心有芥蒂（418年朱利安从教皇处领受圣职）。在其后多年的唇枪舌剑中，朱利安不放过任何一个机会挖苦以奥古斯丁为代表的"不讲信义的驴子"——但是上了年纪的主教大人妙语如珠：

> 不要因为这世间的门第就心生傲慢，对那
> 督促和劝诫你的人视而不见，难道仅仅就因为
> 我是布匿人（Punic）。在布匿人的实力面前，
> 你的阿普利亚（Apulian）出身并不能保证你稳
> 操胜券。抛开个人成见，胜负其实与祖先无关
> （*non gente sed mente*）。你应该担心的是失败
> 本身带来的惩罚，而不是担心布匿人可能会带
> 来的惩罚（*poenas non Poenos*）。不管你认为自
> 己所拥有的力量多么强大，你也无法抹杀布匿
> 人的思想，因为来自布匿的圣者西普里安说过，
> "我们永远都不应该目中无人，因为我们本来
> 就一无是处"。[124]

朱利安对于帕拉吉乌被奥古斯丁和哲罗姆手下的人
逐出教会一事非常痛心，这才是他痛恨奥古斯丁的根源。
朱利安是帕拉吉乌的仰慕者，同时也是那个被非洲教会
裁定有罪的凯乐斯提乌的朋友。当教皇佐西马裁定帕拉
吉乌有罪的时候，朱利安拒绝在禁令上签字。他离开了

自己位于意大利南部的教区加入意大利北部的反抗者队伍中。他们呼吁召开一次主教会议以恢复帕拉吉乌的地位。这就是朱利安杜撰了奥古斯丁反对神圣婚姻的说法，并跑去找瓦勒里乌的真正原因。布朗对这一事件的评论是："就我们所知的早期教会史来说，这是第一次，也是唯一一次，一名教士向一位已婚的平信徒征求关于性爱和婚姻这样的敏感问题的看法。"[125]奥古斯丁匆忙应战，撰文一篇致信瓦勒里乌，否认自己反对婚姻——因为哲罗姆发表过的那些抨击婚姻的臭名昭著的小册子，奥古斯丁此时百口莫辩、深受其害。针对这篇文章，朱利安洋洋洒洒写了四卷书予以反驳。他从这部鸿篇巨制中节选出一部分摘要呈献给瓦勒里乌——大约是担心瓦勒里乌本人没有时间读完这四卷书。奥古斯丁派驻在拉文纳的代表得到了这些摘录的抄本并寄回非洲。奥古斯丁无法确定何时才能得到这部书的全本，因此立刻针对这些摘录做出回应。后来，当真正的全本姗姗来迟的时候，他再次提笔，进一步予以驳斥。战火绵延不绝，双方都斗志昂扬、寸土必争，直到其中一方撒手人寰——奥古斯丁在卷入战团十五年后辞世。

如今，朱利安曾经发动的进攻仅仅留存于奥古斯丁为了驳斥其观点而长篇累牍引用的摘录中。从某种意义上而言，朱利安才是这场论战的真正赢家。可以说，许多人心目中片面的奥古斯丁的形象，就是这样被朱利安一手塑造出来的。朱利安口才出众，而且他有意挑选那些奥古斯丁不得不被动应战的论题。这个被塑造出来的奥古斯丁形象，是一个对政治和其他人类活动悲观失望的男人的形象。在他的内心深处，还寄居着半个摩尼教徒，不仅背负着对于恶的力量的醒觉，并且因为摆脱不掉过去的性爱经历而满腔悔恨。

根据双方辩论的记录，朱利安（包括之前的帕拉吉乌）有时会表现出为性爱辩护的样子，其实这不过是他们的障眼法罢了。两个人都是禁欲主义者。支持神圣婚姻的帕拉吉乌终身未婚。而朱利安婚后未有子嗣，之后选择禁欲独居[126]。这两个人都受希腊罗马晚期观念的影响，认为理想的精神生活应该远离肉欲。奥古斯丁认为罪恶无处不在，是无法避免的，而帕拉吉乌认为这种观点过于宽松。在帕拉吉乌经常出入的贵族圈子里，多数人严于律己。他们的普遍共识是，无罪的生活不仅仅可以做到，而且不少人已经做到[127]。当奥古斯丁写道，如果没有某种特殊的恩典的助力，一位基督徒即便已经受洗也无力兑现自己的承诺（持守诫命）时，他显然"让这批人非常失望"。在他们看来，洗礼本身就是这种特殊的恩典。帕拉吉乌曾经对奥古斯丁早期的著作赞赏有加并多次引用，但当他的一位朋友将新近面世的《见证录》中的一段读给他听时，他惊诧不已，希波主教大人居然在文中坦承只有借助上帝之力才能够抵制诱惑和克服弱点。其中有一句话尤其让帕拉吉乌气得发抖，奥古斯丁对上帝祷告道："把你所命的赐予我，依你所愿的命令我。"[128]

双方辩论的焦点并不在性爱本身，而在于奥古斯丁认为，性爱冲动的发生并不可控，而且这一现象自亚当堕落之日便已注定。抛开译文本身可能带来的偏差，帕拉吉乌和奥古斯丁一样引述过《罗马书》第五章第十二节的内容："这就如罪是从一人入了世界，死又是从罪来的，于是死就临到众人，因为众人都犯了罪。"但帕拉吉乌却并没有从中读出所谓原罪，他认为，亚当因为其行为而受罚，但是其本性并没有发生质的改变。罪恶之所以通过亚当散播到其他人身上，是因为他没能带个好头。没有所谓"原罪"，也没有"命定之罪"。所谓罪恶是累积而成的，罪的累积带来诺亚大洪水的惩罚，然后通过摩西律法的规范，人类的恶行得到纠正，世人自此能够见证并执行上帝的意志。之后世人之罪再次累积，最终将会通过基督耶稣的救赎和复活得以净化。

奥古斯丁的原罪说并不是建立在圣经的某段文字之上的，其基础是对圣经文本大量的阅读及思考，对基督耶稣的救赎作用的理解，以及对世人天性中某些怪诞成分的常识性观察。奥古斯丁常被视为一个悲观主义者，而对于 G. K. 切斯特顿（G. K. Chesterton）[①] 这样的乐观主义者来说，原罪也是真实不虚的存在。起因在于一个美好的夏日午后，他无意间看到几个孩子，只是因为百无聊赖就开始折磨一只猫。一位犹太学者说，他认为原罪是人类思想领域中最不言自明的概念。红衣主教纽曼认为，当今人类社会的困境揭示出它正在经历"某种原生性的毁灭"。

受造于上帝的人性本是善的，但其后误入歧途，这是亚当之错，而非上帝之错，基督通过上帝的恩典救赎这个过错——这些是奥古斯丁原罪说的基石。亚当之罪与性爱本无关联——其过错在于纵容私欲违背了上帝的旨意。布朗认为，奥古斯丁之所以与大多数早期的神学

---

[①] G. K. 切斯特顿（1874—1936 年），英国著名侦探作家，著有《布朗神父探案集》。

家不同，其独特创见在于，他认为即便亚当和夏娃没有堕落人间，性爱也依旧会在伊甸园中发生。（其他神学家则认为，既然在伊甸园中没有死亡，那么也就不存在通过生殖来繁衍的必要。）[129] 性是上帝创造出的人性之善的一部分，是有史以来人类本性的一部分——基督亦有精液，如果他愿意也可以生儿育女。在《驳朱利安未完篇》（*Unfinished Answer to Julian*）中，奥古斯丁认同朱利安所说，基督若无生殖能力则无从见其美德（*virilitas/voluntas*）[130]，他认为基督的肉体与其灵魂完美共振[131]。问题的关键不在于能力而在于选择。

那么奥古斯丁的悲观主义论调究竟从何而来？它源于奥古斯丁独具特色的意志论。其他哲学家，不管是基督徒还是非基督徒，之所以对于性感到恐惧不安皆源自这样一个观念，那就是，人类通过思维活动不断向上帝靠近，从而带来内心的澄明（*apatheia*），但性欲高潮带来的疾风骤雨会将这一切摧毁殆尽。早年的奥古斯丁认为，智力活动在他的人类学研究中占据首要地位，因此也持有同样的观点。在《独语录》中，他说，性行为"将一个人从思想的高塔上推落下来"[132]。但时移境迁，他的研究重心发生了改变，变得更加强调人类的自由意志，认为"爱"才是人类社会的纽带和上帝的意旨所在。在《上帝之城》中，尽管他也提到性爱高潮遮蔽心智[133]，但只是几笔带过，让他更感兴趣并成为他后来研究重点的，是被唤醒的性欲本身（以及性欲的缺位）。没有什么比身体违背意志的行为能够更好地说明义的丧失。他借助一种"递推法"（fortiori）进一步探讨道：

1. 男人无意为之的时候亦会勃起。这是对亚当之罪的"连坐处罚"（poena reciproca）。他违背了上帝的意志，他的身体也违背了他自己的意志。亚当在伊甸园中享受到的性爱是任何一个健全的人控制不了的自然反应。这种性欲冲动的不可控性反映出义的丧失，身心合一状态的丧失。

2. 如果不受意识支配的性冲动作为一种惩罚是适度的，那么阳痿呢？一个人想要勃起但身体却无能为力。亚当想要做爱时绝对不会这样无能为力。

3. 如果合法婚姻中的阳痿现象作为一种惩罚是适度的，那么对于好色的阳痿患者来说呢？这种境况不仅意味着身体拒绝按照意志行事，而且意味着"欲望本身被欲望所抛弃"[134]。

4. 有两种不适度的"罢工"现象，戏剧性地展现了人类身体与意愿相违背的交替苦境，一种是心里并不情愿，但身体勃起了，另外一种是心里渴望，但身体无动于衷：

> 有时候，无意间，身体被唤醒，且急不可耐。有时候，它又丢盔卸甲，抛下浑身绷紧的爱人，尽管欲望在脑海中灼热无比，在肉体中却被冻结了；因此，奇怪的是，即便姑且不谈生儿育女，仅就性爱本身而言，欲望甚至无法支持欲望——这种通常与理智对抗的力量倒戈成了对抗自己的力量，而被撩起的欲念无法从肉体得到相应的勃起。[135]

这就是菲利普·罗斯（Philip Roth）①笔下的主人公波特诺伊（Portnoy）所抱怨的窘境。不管他愿不愿意（他正在教室里罚站），它来了，"就像某个傻大个儿，因为永不餍足的愚蠢欲望把自己的私生活搞得一团糟"，但是当一个妓女让他"掏家伙"时，他却又找不到"那话儿"了：

---

① 菲利普·罗斯（1933—2018 年），美国作家，获 1960 年美国国家图书奖。《再见吧，哥伦布》为其成名作。

"当然，如果你愿意的话，来了……来了。"
我说道。但显然为时太早。"我……不过是……
得……把它……掏……出来。"哪儿去了，那家
伙？有时在教室里我会故意去想死亡、医院、车
祸等这些可怕的事情，希望借此在下课铃声响起
不得不起立之前令"那话儿"偃旗息鼓。看来，
上学的日子里，我再也不敢站在黑板前面了，我
再也没脸从公交车上蹦跶着跳下来了，因为它总
是自顾自立起，在光天化日之下对着所有人嚷
嚷："嗨，我在这儿！"——可现在它却不知所终。

作为身心分裂的极端例证，阳痿是奥古斯丁经常思忖
的一个问题。在这种情况下，欲望不仅仅背叛了理智，而
且背叛了欲望本身。他提到过斯多葛学派（the Stoics）①
的例子，该派别是古代晚期制造轰动新闻的能手，为了
挑战所谓高尚文雅的社会准则，他们中某些人公然在大
庭广众之下交合。但是就如色情片演员一样，这些人同

---

① 斯多葛学派，因在雅典集会广场的廊苑（stoa）聚众讲学而得名。与怀疑主
义、犬儒主义、伊壁鸠鲁学派并称为希腊化时期四大哲学流派。

样无法操纵性欲——因此不得不在身上盖上斗篷，通过刺激阴茎帮助自己勃起[136]。在众目睽睽之下赤身露体只会让人的性欲消退，但伊甸园中的性爱却是不带有任何羞耻感的，这再次说明了人类堕落后的身心分裂[137]。正如波特诺伊所说："那话儿硬起来了，究竟谁是赢家？"

奥古斯丁认为阳痿恰好可以作为人类堕落之后身心分裂的象征，尽管他辩论时不失优雅，但正如他自己承认的，确实挑战了一个体面人可以表达的极限。不过他又补充说，这种无法畅所欲言的处境其实也是堕落人间的恶果。如果亚当谈起性爱，不管他说得多么绘声绘色，他也依然是纯净无瑕的[138]。

他在描写勃起时所用的语言如医生一般精准，因此被一些人贴上了"沉迷性事"的标签。但是他的辩论其实仅限于与朱利安就原罪问题所展开的论战范畴。正如布朗指出的那样[139]，在对教众讲道时他从来不会就这个问题喋喋不休，贪婪、暴力、欺骗，是他更为关注的问题。在他的神职生涯中，对于情欲之罪他并未大加鞭挞，帕拉吉乌说他过于宽松倒也符合事实。一位神父因为男女问题被问责，在找到确凿证据之前，奥古斯丁"平静得令人吃惊"。布朗写道："试想如果这件事落在哲罗姆手里又会怎样。"[140]当一位神父和一位隐修士被指控为同性恋时，奥古斯丁只是将他们送到一处圣龛前，让他们祈祷上帝的裁决，同时告诫该教区的教众，在对其他人内心的秘密并不了解的情况下勿下结论。[141]

相比之下，当他所辖的修道院中的一位修士被发现有欺诈他人财产的行为时，奥古斯丁回绝了此人将这项产业转让给修道院的提议，并将他驱逐出教会，同时对侵占他人的产业进行审计，并在两次布道中对教区会众通报此事的调查情况。[142]自私的算计、冷酷的欺骗，诸如此类的行为被他视为撒旦之罪，理应遭受最为严厉的惩罚。至于肉体之罪（撒旦并无肉体，不可能触犯这种罪），结合自己的过往经历，他认为不是不可原谅的，而是令人怜悯的。在修道院发生同性恋丑闻期间，他借用圣保罗的箴言对他的教众[143]说："有谁软弱，我不软弱呢？"[144]

当切斯特顿笔下的神探布朗神父（Father Brown）被问及他是如何做到对罪犯的心理洞若观火的，他答曰，因为他知道自己就是一个罪犯。当一位有着其他国家宗教背景的预言家告诉他，自己也非常关注灵魂的力量时，布朗的回答是，他更关注灵魂的软弱。布朗神父极好地印证了奥古斯丁的学说：

一个人在知道自己到底有多坏或能够有多坏之前，根本谈不上做真正的好人。直到他确切地知道自己有多大的资格对那些"罪犯"说三道四，就像谈论一万英里以外丛林里的大猩猩一样；直到谈起所有的肮脏和不堪时不带一丝龌龊的自欺欺人；直到榨干了身体里最后一滴"伪君子"的油膏；直到一门心思想着无论如何要亲手抓获一名罪犯，并把他安然无恙地庇护在自己的帽檐儿之下为止。[145]

在与帕拉吉乌和朱利安展开的论战中，面对他们所在圈子中那些来自富裕阶层、声称过着完美的基督徒生活的学者，奥古斯丁关注并表达的却是自己教区里那些远非完美的基督徒们日常生活中的问题。他用老百姓的常识给得意扬扬、满口亚里士多德的朱利安挖坑设下陷阱，然后又捧出教众的虔诚之心与朱利安的理性主义过招："如果一个人高昂着头面带微笑，你一定认不出他其实是个暴徒，因为这不太符合像你这样的天才辨识别人的完美标准。"[146]

布朗[147]认为，奥古斯丁借用暴徒的比喻来讽刺朱利安为人势利，其实有些过头。但是我们必须记住，奥古斯丁正在对付的这个人曾经把他和他的教众们比喻成"腓尼基的驴子"。两个人的互相贬低诚然有性格不合与处事原则不同的成分，但更主要的还是在于社会阶层迥异造成的不同腔调。伟大的教义史家阿道夫·哈纳克（Adolf Harnack）有这样的说法："要想同时欣赏这两位可敬的对手身上截然不同的品质，唯有寄希望于造物主把两个人合二为一——那将会是怎样的一个人呀！"

在这场重拳对决中，朱利安和奥古斯丁两人都被对方打得头晕眼花，且每次命中目标之后都会发生回火。他们之间的拉锯战可怕地持续着，隐藏着某种绝望的悲剧氛围：

　　　　奥古斯丁：如果没有原罪，你们的教堂为什么还会为婴儿施洗？

　　　　朱利安：如果婴儿未被施洗，他们就只能下地狱了吗？

　　　　奥古斯丁：如果洗礼无法救赎，为什么帕拉吉乌把洗礼视为基督教生活的核心？

在关于本性与恩典的著名辩论中：

> 朱利安：如果上帝创造的人性本善，为什么他还不得不带着那总是最后一分钟才会到来的恩典到处施救呢？
>
> 奥古斯丁：即便人有其意志，上帝何曾有过一刻停止过他的做工？
>
> 朱利安：那么人类的义务和美德还有立锥之地吗？

关于这最后一场公开论战，研究经院哲学的学者弗朗索瓦·勒富莱（Francois Réfoulé）认为，朱利安在本性和恩典之间划了一条鲜明的界线，就这一点而言，他走在了伟大的经院哲学家托马斯·阿奎纳（Thomas Aquinas）①的前面。而这种泾渭分明与奥古斯丁的思想要旨恰相违背。他认为上帝的创造生生不息，无时无刻不照亮人类的心智，即便谈及"自然"，被谈论的其实还是灵魂层面的东

---

① 托马斯·阿奎纳（约1225—1274年），中世纪哲学家、神学家，把理性引进神学，是经院哲学的集大成者。

西；在每一个有智力的受造物身上，都回荡着三位一体的神秘回声，即便是撒旦也不例外。让人类作为万物之灵存活世间，和让患麻风病的拉撒路重获新生一样不可思议。让葡萄生长收获，然后酿造为酒，比起耶稣在迦拿的婚宴上变水为酒不过是"慢一些"的神迹罢了。每一个春天都是一次重生。大自然的奇迹总是让奥古斯丁惊叹不已。写作《上帝之城》一书最后一卷时，奥古斯丁已经七十一岁高龄，他用一连串的"哦""啊"表达了对于造物的惊叹，也暗示着即将在天国中见到的无上喜悦。

当年轻的奥古斯丁从摩尼教的罪恶论的观念中跳脱出来时，他满怀喜悦歌颂生命中最卑微的存在：

> 我可以无所顾忌地高声歌颂蠕虫之美，当我看着它的晕彩，它完美的圆形的身体，它的尾部与腹部、腹部与尾部相互配合完成的蠕动，在这最卑微的生命为了向前伸展所做的每一次努力中，身体的每一部分都这样和谐地互动。生命之道的和谐旋律如气泡般通过这个身体得以传递——整个身体的律动，对维持生命的食物的搜求，面对危险的快速闪躲及战胜危险后的

狂喜，足以证明世间万物的自我延续，皆与某个
制定律法的指挥中枢相连，因此蕴含着某种比
它的肉体更为了不起的见证，证明了那创造并
让自然万物运行其间的合一的存在。[148]

晚年的奥古斯丁对于受造于上帝的所有事物、所有能力
都由衷赞叹——甚至包括放屁："有些人能够从臀部有
意释放出没有臭味的屁声，就像从身体的另一端发声歌
唱。"[149] 他的神学立场是，比起勃起，人类可以在放屁
上获得更大的控制力。在奥古斯丁看来，人周身上下每
个毛孔都令人赞叹。在天堂里，肠子应该都会是无比美
丽的。当肉体在我们的凝视中变得透明并向着天国飞升，
我们一定能够见识某种超越解剖学知识的东西。[150]

　　当然让他叹为观止的对象并不限于升入天国的肉体。
这个曾被很多人认为藐视肉体的人，通过摒弃这种藐视态
度与传统彻底决裂。正如布朗所说，古代晚期的思想即便
在设定分析对象时也是等级森严的，而肉体在其谱系中居
于低端地位。正因如此，为了爬上漫长的精神旋梯获得智
慧，一个人必须把自己从肉体的囹圄之中解救出来。这是
向往光明之所的人们必须奋力挣脱的黑暗之地。这是从远

处高山上的清泉流淌而下，却因沿途的泥沙变得浑浊不堪的下游水域。通过对道成肉身的基督耶稣的深切思考，奥古斯丁把整个世界翻了个底朝天。在一段像多恩①的玄学诗一样充满着抽象隐喻的布道词中，奥古斯丁是这样描绘基督道成肉身的图景的：

> 人的创造者道成肉身，他，群星之王，也会自母亲的乳房吮吸乳汁；面包亦会饥饿，泉水亦会干渴，灯光亦会入眠，道行于途亦生困倦，真理因无知而蒙冤，师者遭鞭笞，地基倒悬于木墙，强者亦会衰弱，医者亦会受伤，生者终有一死。[151]

基督的肉身被一次又一次推送到读者的眼前，就像敷在盲眼上的药膏，就像婴儿时哺育我们生命的乳汁。

奥古斯丁晚年的一些作为，就建立在对隐藏于卑微肉体之中的奥秘日益深入的觉察之上。人们对此评价不

---

① 约翰·多恩（John Donne，1572—1631 年），英国诗人，玄学派诗歌的创始人和主要代表人物。现代派诗人叶芝、T.S. 艾略特等都从多恩的诗歌中汲取营养，因而多恩被视为现代派诗歌的先驱。

一，有些人认为惊世骇俗，有些人认为值得反思：这个最初对神迹以及殉道者崇拜不以为然的人，现在变得热情洋溢。在公元5世纪的20年代，新的一波神迹和来自圣地耶路撒冷的遗存被运往非洲。当年信奉新柏拉图主义时，奥古斯丁认为这些殉道者的尸骨怎能与那位屈尊降贵道成肉身走入历史的真神相比，如今他的态度发生了转变。奥古斯丁希望实现与多纳徒派的和解，而不是采用逼迫的方式让他们加入公教会（至少在理论上如此）——实际上殉道者崇拜这一现象本身，就是多纳徒派教徒虔诚信靠的"非洲宗教"。我们不妨大胆地推测，奥古斯丁在青年才俊朱利安对自己的嘲讽腔调中发现了自己年轻时的影子，比如当年对暴民宗教的讥讽。而"完美的"帕拉吉乌主义者也让他回忆起当年的自己是如何鼓动自己的朋友们去过"超凡入圣的"（*deificari*）生活的。奥古斯丁希望将自己后来日趋成熟的观点与帕拉吉乌分子从自己早年那些对话录中截取出来的观点区分开来。值得注意的是，奥古斯丁现在开始越来越多地援引安波罗修。他对朱利安说，安波罗修也是一位贵族，他，就像朱利安一样，也能够阅读希腊神学家的原著；然而在米兰，围绕在这位神父周围的却是一群并不完美的基督徒，他的赞美诗和祭拜殉道者的仪式有一种"蛊惑人心"的魔力，让民众趋之若鹜。

他开始对在修道院中存档的所有著作进行分类，以便对过往生涯做一番重新审视，这项工作相当费力劳神。426年到427年，也就是奥古斯丁七十二三岁的时候，一本新书《更正篇》（Reconsiderations）由此诞生。他指定伊拉克利乌（Eraclius）在他之后继任主教之职，并且已经将法庭审判等繁重的日常事务移交给他处理。奥古斯丁知道自己去日无多，在未来的日子里不可能再承担那么多烦琐的工作，比如给索书者复信或者解答来信者的提问。其中不少寄信来的人不过是与他有过一面之缘，或者只是收到过希波教会公开分发的抄本而已。

奥古斯丁的工作与今天作家们的工作不尽相同。现代作家们的作品使用统一的开本印刷，会在版权保护的前提下大批量生产，因此内容与原作完全一致，而且很容易买到。但对奥古斯丁而言，如果某人向他索要一册他的旧作《论音乐》，或者要给一位新结识的朋友寄上一本《见证录》，每一册书都必须辛辛苦苦地用手誊写。他在手边尽量保存了一套作品全集——为了回应朱利安和其他的反对者，他需要不时参详。这些书可谓劳动密集型产品，而且一旦被寄出——还得小心翼翼地交给值得信赖的信使才行——书的新主人可以自行传抄，有的成了缩写本，有的成了改编本。书卷本身在重压下会变形，在各地的图书馆中并不容易查找。记得吧，朱利安针对奥古斯丁写了洋洋洒洒四大卷的批评，由于不确定什么时间、什么方式才能从某个人手中得到整本著作的手抄本，奥古斯丁只得根据摘录作答。而且即便是带着十二分的诚意，他也没能让他的第一封信顺利地送到哲罗姆的手中——以至于哲罗姆对后来送达的信件的真实性颇为怀疑。

奥古斯丁将他的作品按照写作年份排序，标注原文的长度及每一部的开篇文字，以便能够与"盗版"或内容不全的抄本区分。他还原作品创作时的语境，并在此基础上勘误、修订，然后从他今日之高度审视这些作品，并对其中的某些观点进行辩护。他此时所做的，其实就是逐字逐句地与自己创造的东西挥手作别——比如，他对朱利安的父亲说，他认为《论音乐》一书的前五卷不具备任何价值。

奥古斯丁希望为自己的写作生涯画一个圆满的句号，但他并不是像一位退休的学者那样闲来无事，想将过去所写的论文排排序而已。虽然已经将一些职责交给了伊拉克利乌，但是奥古斯丁还无法从主教事务中完全脱身。政局令人担忧——来自南部撒哈拉沙漠的部族打破了非洲的和平。奥古斯丁感到，他过去支持的卜尼法斯正在助长这场灾难在非洲行省的蔓延。奥古斯丁和阿利比乌斯曾经劝服卜尼法斯保留其世俗职务继续戍边。之后此人一度返回意大利并投身到朝廷的明争暗斗之中，他娶了一位阿利乌派（Arian）信徒为妻。返回非洲时他已判若两人，他与情妇厮混在一起，并且为了打败他在拉文纳的敌人、攫取更大的权力而锱铢必较。奥古斯丁写信给卜尼法斯，批评他不该纵容手下敛财和抢劫，同时斥责了他无视战场上的对手，却将矛头指向平民百姓的荒唐做法。[152] 此信写于 427 年，但直到找到完全信得过的信使才发出，他绝不允许这封信落入卜尼法斯之外的任何人的手里——奥古斯丁不希望此事闹大，变成一则公开的丑闻，他不想打击军队的士气，只是希望自己的苦苦规劝能够让对方幡然悔悟。

在这封信寄出后的五年里，卜尼法斯被另外一支敌人牵着在战场上疲于奔命，这次不是从撒哈拉来的游牧部族，而是从西边打来的汪达尔人（Vandals），其首领是信奉阿利乌主义的盖塞里克（Gaiseric），当年卜尼法斯在罗马的宫廷斗争中曾想招募此人为自己效力。因为努米底亚的城镇纷纷陷落，大批基督徒跟随着他们的主教，成群结队地拥入修了防御工事的希波。卜尼法斯在其后一次抵御盖塞里克围攻的防御战中阵亡。这次封锁旷日持久，海路断绝，430年8月28日，奥古斯丁溘然长逝，享年七十六岁。他死后一年，希波之围才告结束。

在生命的最后日子里，让年迈的奥古斯丁略感慰藉的场景多发生在法庭上，陪审团成员多选自他隐修院中的修士。他制定法规的目的是为了实现和睦共处，如果其中任何一位对他刻在木板上的这句诗置若罔闻，他就会提出警告，甚至愤而离席：

谁因为妒忌而背后嚼舌

就请放下饭碗离开餐桌

最终他一病不起，他恳请修士们让他独自待在自己的小房间里。一直以来他的身边都有人相伴——决定归信天主教时有阿利比乌斯，神秘深湛的属灵时刻有莫妮卡，口述私密的文字时有抄写员——此刻，他却谢绝了所有人的陪伴。送食物给他的修士看见他在哭泣。他之前要求将忏悔文用大字誊写，并固定在卧室的墙上，以便自己在反复吟咏中忏悔过去所犯下的罪过——不过，此时我们可以确定，他要忏悔的并不是那些在早已逝去的年轻岁月中犯下的过错。在《见证录》第十卷中，他说他的主教生涯是一种罪。奥古斯丁忏悔自己领受神职之后所犯下的罪过、所有分裂中的怨恨、所有为了爱及和平付出的徒劳无功的努力，这是个本希望退回象牙高塔，却因无法抽身因而备受折磨的人。有时他会因为有过这样的想法而自责——在423年，一位从他这里领受圣职的主教被发现是一匹害群之马，年近七十的奥古斯丁希望辞去主教职务，就此隐退。他写了一封致教皇的公开信：

　　我的鲁莽行事和疏于防范造成了这场悲剧的发生。至于我，教皇阁下，请容许我辞去主教一职，以便能够一心一意赎罪苦修。因为恐惧和担心，我备受折磨，唯恐以下两种情况会发生——要么是因为那个被我莽撞地授予了主教之职的人的过失，使得上帝的一所教堂失去了它的教众；要么是，愿主保佑不会发生，我们会在失去这个人的同时失去整个教会。[153]

这些才是他独自一人时利用生命中最后的机会虔心忏悔，并希望得到救赎的罪。

临终之时，他曾苦苦参详的圣经诗篇环绕四周，对他来说无疑是最为适宜的。终其一生，奥古斯丁构筑了一座文字的宫殿并栖身其间，这个反对修辞主义的修辞大师业已见证上帝之道是如何闪烁在人们所说、所写的每一个文字中的（甚至包括脑海中尚未说出的）。一个过于喜爱文字的人，会宁愿溺亡在文字的海洋里，尽情感受它们迸发而出时迷人的跃动，以及之后的回旋萦绕和彼此穿行，有时因内涵丰富而步履沉重，有时又轻快灵动如梦幻泡影、空谷回声。然后所有这些文字，无论是寓意深刻的，还是嬉笑戏谑的，就这样向我们一径袭来——以一种异乎寻常的力量直击我们的内心，时至今日亦如此：

> 我所说的话通过听觉被你们中的每一个人获得，然而没有人能够将它据为己有，若不曾被某人听到，则无从传递给其他人，若被某人

听到后据为已有，则无法与他人分享。尽管这些话可以被拆分成词语和音节，但是你无法像进食那样挑三拣四。但所有人都无一例外，只能照单全收，当然每个人的理解各异。我不用担心所说的一切被某个人独占，而其他人却被剥夺了权利。我希望每个人，都能在不排斥其他人的耳朵和头脑的前提下，拥有这一切。每个人在汲取一切的同时，又能将所有一切毫无保留地交付他人。这不是暂存的，而是可以彼此传递的——我的话首先到了一个人那里，然后又传递给另外一个人，但是由于人的记忆力有限，尽管每一个人都可以把这些话全部带走，但是注定又会是以各自不同的腔调。[154]

# 注 释

序言

[ 1 ] 《见证录》, 10 : 5。

[ 2 ] 《驳朱利安未完篇》, 5 : 11。

[ 3 ] 北非古国, 今天的阿尔及利亚。

[ 4 ] 《驳朱利安未完篇》, 4 : 56。

[ 5 ] 冯·德·梅尔,《主教奥古斯丁》, 11 : 225。

[ 6 ] 《上帝之城》, 6 : 2。

[ 7 ] 《信札》, 139 : 3 ; 224 : 2。

[ 8 ] 冯·德·梅尔, 414。

[ 9 ] 《埃涅阿斯纪》, 6 : 61。

[ 10 ] 《布道集》, 117 : 5。

[ 11 ] 《布道集》, 398 : 2。

[ 12 ] 《论三位一体》, 9 : 18。

[ 13 ] 《诗篇评注》, 64 : 3。

[ 14 ] 《论三位一体》, 1 : 5。

[ 15 ] 《布道集》, 261 : 3。

[ 16 ] 《奥古斯丁百科》, col.1122, 见 "忏悔"（Confessio）词条。

[ 17 ] 《忏悔录》, 10 : 9。

[ 18 ] 《忏悔录》11 : 33。

[ 19 ] *testimonium* 一词在《见证录》开篇第二句话中出现了两次。

[ 20 ] 《布道集》, 241 : 2。拉丁文原文 : *Pulchritudo eorum confessio eorum*。

[ 21 ] 《诗篇评注》, 30 : 11。

［22］《诗篇评注》，121∶8。

［23］《布道集》，94∶2。

［24］《约翰福音阐释》，26∶2。

［25］文中提及该书均以《见证录》为书名。

［26］《见证录》，4∶2。

［27］公元400年托莱多大公会议，教规第17条。

［28］《见证录》，2∶6。

［29］奥唐奈，《奥古斯丁〈忏悔录〉》，2∶120。

［30］冯·德·梅尔，《主教奥古斯丁》，224。

［31］《上帝之城》，14∶20。

［32］奥唐奈，《奥古斯丁〈忏悔录〉》，2∶52—56。

［33］《布道集》，216∶2。

［34］《见证录》，8∶29。

［35］《罗马书》，13∶14。

［36］《上帝之城》，14∶17。

［37］《布道集》，216∶10—11。


## 第一章　非洲（354—383年）

［1］《信札》，7。

［2］《信札》，93∶17。

［3］《见证录》，2∶5。

［4］《信札》，126∶7。

［5］《见证录》，1∶30。

［6］《论秩序》，1∶2。

［7］《上帝之城》，19∶13。

［8］《论秩序》，1∶25。

［9］《见证录》，10∶57。

［10］帕尔勒，《圣奥古斯丁的旅程》，120—121。

［11］《见证录》，2∶9。

［12］帕尔勒，126。

［13］靠近今天阿尔及利亚的末达乌路赫（Mdaourouch）。

［14］　帕尔勒，126—127。

［15］《信札》，16。

［16］　勒佩雷，《罗马帝国后期的非洲城市》，1：98—101，2：128—129。

［17］《诗篇评注》，88：2：14。

［18］《见证录》，1：16。

［19］《上帝之城》，1：3。

［20］《埃涅阿斯纪》，4：625。

［21］《信札》，16。

［22］《信札》，17。

［23］《见证录》，1：30。

［24］《见证录》，1：23。

［25］《见证录》，2：6。

［26］《见证录》，1：30。

［27］《见证录》，2：9。拉丁文原文为：*eo liberet quo non liceret*。

［28］《喀提林战争》，16。

［29］《见证录》，2：10。

［30］　柏格森，《笑》，1。

［31］《见证录》，2：16。

［32］《上帝之城》，19：12。

［33］　这两个词的拉丁文原文分别为：*consortium* 和 *amicitia*。

［34］《创世记》，3：6。

［35］《提摩太前书》，2：14。

［36］《上帝之城》，14：11，拉丁语原文：*socialis necessitudo*。

［37］《创世记字解》，11：59。

［38］　奥唐奈，2：145。

［39］　奥唐奈，2：207。

［40］《见证录》，4：2。

［41］"尤娜"拉丁文 "*unam habebat*"（唯有一人）的简称。

［42］《见证录》，3：5。

［43］　布朗，《希波的奥古斯丁》，41。

［44］　奥唐奈，2：159。

［45］《见证录》，4：2。

［46］《见证录》，4：2。

［47］《见证录》，4：2。

［48］此处与奥古斯丁描述他对尤娜的忠诚如出一辙，拉丁文原文：*tori fidem*。

［49］《论婚姻中的善》，5：5。

［50］勒佩雷，2：178—182。

［51］奥唐奈，2：381—382。

［52］《驳怀疑论者》，2：2。

［53］《见证录》，2：9。

［54］奥唐奈，2：146。

［55］《信札》，22：2。着重号为作者标记。

［56］《见证录》，3：1。着重号为作者标记。

［57］《驳怀疑论者》，3：13。

［58］《见证录》，3：1。英文版原文为 the love of loving。

［59］《论三位一体》，8：12。英文版原文为 whoever loves God must love love。

［60］《见证录》，3：6。

［61］《见证录》，1：8。

［62］《论教师》，1：33。

［63］《见证录》，1：13。

［64］《见证录》，1：23。

［65］《论完美生活》，1：6。

［66］《荷尔顿西乌斯》（*Hortensius*），现已佚失。

［67］《见证录》，4：17。

［68］《见证录》，3：8。

［69］格瑞利，《西塞罗的〈荷尔顿西乌斯〉》，24—25。

［70］格瑞利，52。

［71］《见证录》，3：9。

［72］《见证录》，3：13—18。

［73］布朗，《身体与社会》，94—118。

［74］奥唐奈，2：198—199。

［75］布朗，《身体与社会》，108—109。

［76］《见证录》，4 : 7。拉丁文原文：*a fide deflexeram*。

［77］《见证录》，4 : 9。

［78］《创世记》4 : 6。

［79］拉丁文原文：*Quare tristis esset et quart conturbat me? Quare tristis factus est et quare concidet facies tuus?*。

［80］《上帝之城》，15 : 71。拉丁原文：*tristitia de alterius bonitate*。

［81］《见证录》，4 : 10。

［82］《见证录》，4 : 12。

［83］《论摩尼教"两个灵魂"》，11。

［84］《论美与适宜》，现已佚失。

［85］《信札》，138 : 5。

［86］《见证录》，4 : 21—23。

［87］《见证录》，5 : 10。

［88］《见证录》，5 : 13。

［89］《见证录》，5 : 14。


## 第二章　意大利（383—388年）

［1］帕尔勒，57—81。

［2］《上帝之城》，22 : 24。

［3］《信札》，36 : 4。

［4］阿米阿努斯，《功绩录》，14 : 6 : 12 : 18。

［5］《信札》，22 : 28。

［6］《见证录》，5 : 19。

［7］西玛克，《告吾皇》，3。

［8］《信札》，17 : 15。

［9］阿米阿努斯，21 : 16 : 18。

［10］奥唐奈，3 : 10—11。

［11］《见证录》，6 : 25。

［12］《见证录》，4 : 12。

［13］《独语录》，2 : 26。

［14］《信札》，10 : 2。

［15］《见证录》，5：23。

［16］奥唐奈，2：113。

［17］《论秩序》，2：2：7。

［18］《论真宗教》，47。

［19］《信札》，36：32，54：3。

［20］《见证录》，4：13。

［21］《见证录》，6：3。

［22］《上帝之城》，10：29。

［23］《金纳狄乌斯》，36。

［24］《信札》，37：1。

［25］奥唐奈，3：6。

［26］《见证录》，8：10。

［27］《见证录》，6：9。

［28］《见证录》，9：13。

［29］《见证录》，8：20。

［30］《埃涅阿斯纪》，6：314。

［31］《见证录》，8：27。

［32］库塞尔，《奥古斯丁〈忏悔录〉研究》，192。

［33］库塞尔，《奥古斯丁〈忏悔录〉研究》，193。

［34］《约翰福音》，1：48。

［35］《上帝之城》，14：17。

［36］奥唐奈，3：63。

［37］《见证录》，8：29。

［38］《见证录》，9：5。

［39］《见证录》，8：18。

［40］阿米阿努斯，5：4：2。

［41］《沉思录》，2：15。

［42］《奥古斯丁百科》，"加西齐亚根" cols.773—774。

［43］《信札》26：4。

［44］《信札》5：2。

［45］克劳狄安，Panegyricus dictus Manlio Theodoro consuli, 84—86。

［46］奥唐奈，2：420。

［47］《论完美生活》，1：45。

［48］奥唐奈，1：1i—1ii。

［49］《独语录》，1：1。

［50］《独语录》，2：14。

［51］《独语录》，1：20。

［52］《信札》，1：1。

［53］《论秩序》，1：8。

［54］《独语录》，1：17。

［55］《独语录》，1：25。

［56］安波罗修，《论圣礼》，2：2；《论奥秘》，1：3。

［57］《布道集》，216：11。

［58］奥唐奈，3：106—107。

［59］《见证录》，9：15。

［60］库塞尔，《奥古斯丁的〈忏悔录〉》，31—32。

［61］《见证录》，6：11—16。

［62］《布道集》，356：3。

［63］《见证录》，2：8；奥唐奈，2：308。

［64］奥唐奈，3：115。

［65］《论幸福》，16。

［66］《论幸福》，8。

［67］普罗提诺，《九章集》，1：4：10。

［68］《论秩序》，2：45。

［69］《见证录》，9：25。

［70］《见证录》，9：27。

［71］蒙杜兹，《罗马帝国后期的基督教徒研究》，366—373。

## 第三章　非洲（388—430年）

［1］《论创世记，驳摩尼教徒》，388—389。

［2］《诗篇评注》，1—32。

［3］《布道集》，225：3。

［4］《论向初学者传授教义》，1：18：19。

［5］《布道集》，230：7。

［6］《布道集》，162：A：5。

［7］《布道集》，43：6。

［8］《布道集》，302：15。

［9］《布道集》，254：2。

［10］《布道集》，263：2、257：5。

［11］《布道集》，14：4。

［12］《约翰福音》3：30。

［13］《布道集》，380：8。

［14］《论向初学者传授教义》，4：56。

［15］拉丁文原文：*non peritus sed periturus*。

［16］《布道集》，120：2。

［17］《论向初学者传授教义》，17。

［18］《信札》，40：4。

［19］《信札》，22：2。

［20］《信札》，41：1。

［21］《奥古斯丁百科》，"Circumcelliones"，cols. 930—936。

［22］布朗，《宗教与社会》，237—259、279—300、325—338。

［23］《信札》，29：11。

［24］《信札》，25：6。

［25］《信札》，33：5。

［26］《信札》52：4。

［27］《信札》，33：5。

［28］《信札》，34：1。

［29］《信札》，33：4。

［30］《信札》，34：5—6。

［31］《诗篇评注》，54：16。

［32］《驳佩提利安书》，2：184。

［33］《诗篇评注》，95：11。

［34］法文原文：*mélange de violence et d'onction*。

［35］ 奥唐奈，2：336。

［36］ 《论向初学者传授教义》，3：42。拉丁文原文：*absurdissimi cordis*。

［37］ 《致天主教徒》1。

［38］ 《驳帕米尼安书》，1：1。

［39］ 弗伦德，《多纳徒派教会》，205。

［40］ 《马太福音》，3：30。

［41］ 《马太福音》，13：47—48。原文为："天国又好像网撒在海里，聚
拢各种水族。"

［42］ 《马太福音》，3：12。原文为："他手里拿着簸箕，要扬净他的谷物，
把麦子收在仓里，把糠用不灭的火烧尽了。"

［43］ "致多纳徒派之歌"，181、185—186、10—12。

［44］ 《哥林多书》，2：11—14。

［45］ 《论欺骗》，17。

［46］ 《信札》，72：2—3。

［47］ 《信札》，73：1。

［48］ 《埃涅阿斯纪》，5：458—460。

［49］ 《信札》，70。

［50］ 《信札》，75：22。

［51］ 《见证录》10：39。拉丁文原文：*intus eras et ego foris*。

［52］ 《见证录》3：11。拉丁文原文：*interior intimomeo*。

［53］ 《见证录》10：13。

［54］ 《见证录》11：38。

［55］ 《洛丽塔》，26。

［56］ 《见证录》，11：20。

［57］ 奥唐奈，3：251。

［58］ 《论三位一体》，8：14。

［59］ 《见证录》，11：39。

［60］ 《上帝之城》，1：17。

［61］ 《上帝之城》，1：21。

［62］ 《上帝之城》，1：43。

［63］ 《约翰福音》，1：9。

［64］《诗篇》，35：9。

［65］《见证录》，3：11。

［66］《论三位一体》，14：10。

［67］《论三位一体》，14：9。拉丁文原文：*nescio quo...scire nescimus*。

［68］《论教师》，14。

［69］《信札》，127：12。

［70］《信札》，126。

［71］《信札》，125。

［72］冯·德·梅尔，259—265。

［73］《上帝之城》，19：6。

［74］《路加福音》，14：23。

［75］《布道集》，112：8。

［76］《诗篇评注》，118：2。拉丁文原文：*per molestias eruditio*。

［77］蒙索，《非洲基督教时期文学史》，4：423。

［78］《信札》，128。

［79］蒙索，4：423。

［80］《布道集》，358：6。

［81］蒙索，4：424。

［82］《信札》，88。

［83］弗伦德，279。

［84］蒙杜兹，671—684。

［85］《约翰福音》，17：20。

［86］《约翰福音》3：17。

［87］《哥林多后书》5：19。

［88］蒙索，4：425。

［89］布朗，《宗教与社会》，309—316、335—336。

［90］弗伦德，299。

［91］《布道集》，359：5。

［92］《信札》，78：8。

［93］《信札》，133：1。

［94］《信札》，134：4。

［95］《信札》，11：25—26。

［96］ "Act as you desire, so long as you act with love。"拉丁文原文：*Ama et quod vis fac*。

［97］《论加拉太书》，57。

［98］《圣约翰帕提亚书阐释》，7：8。

［99］ 布朗，《希波的奥古斯丁》，233。

［100］ 布朗，《希波的奥古斯丁》，337。

［101］《上帝之城》，1：11。

［102］《上帝之城》，1：22—25。

［103］《上帝之城》，1：19。

［104］《上帝之城》，2：21。

［105］《上帝之城》，19：24。

［106］《上帝之城》，4：4。

［107］ 红衣主教纽曼（Cardinal Newman），*Who's to Blame*。

［108］ 休谟，*Of the First Principles of Government*。

［109］ 麦迪逊，《联邦党人文集》（*The Federalist*），第49篇。

［110］ 布朗，《宗教与社会》，43。

［111］《上帝之城》，序言。

［112］《信札》，185。

［113］《信札》，189。

［114］《信札》，122：3，122：7。

［115］《布道集》，131：10。

［116］ *Pelagius: Inquires and Appraisals*, by Robert E. Evans (Adam and Charles Black, 1968).

［117］ 埃文斯，383—384、387—388。

［118］ *Jerome*，by J. N. D. Kelly，（Harper & Row, 1975），p.188.

［119］《信札》，133：3。*melan*是希腊语，意为"黑色"。

［120］《信札》，172：1。

［121］《信札》，19：1。

［122］ 帕尔勒，346—347。

［123］ 蒙索，6：173—189。

［124］《驳朱利安（未完篇）》，6 : 18。

［125］布朗，《身体与社会》，415。

［126］布朗，《宗教与社会》，409—410。

［127］布朗，《宗教与社会》，192—198。

［128］《见证录》，10 : 29。

［129］布朗，《身体与社会》，399—401。

［130］《驳朱利安（未完篇）》，4 : 49。

［131］《驳朱利安（未完篇）》，4 : 47。

［132］《独语录》，1 : 17。

［133］《上帝之城》，14 : 16。

［134］《上帝之城》，14 : 17，拉丁文原文：*libidini libido non servit*。

［135］《上帝之城》，14 : 17。

［136］《上帝之城》，14 : 20。

［137］《上帝之城》，14 : 7。

［138］《上帝之城》，14 : 23。

［139］布朗，《身体与社会》，416。

［140］布朗，《宗教与社会》，397。

［141］《信札》，78。

［142］《布道集》，355—356。

［143］《布道集》，78 : 6。

［144］《哥林多后书》，11 : 29。

［145］切斯特顿，《布朗神父探案集》（*The Secret of Father Brown*）。

［146］《驳朱利安（未完篇）》，2 : 36、51。

［147］布朗，《希波的奥古斯丁》，385。

［148］《论真宗教》，77。

［149］《上帝之城》，14 : 24。

［150］《上帝之城》，22 : 24。

［151］《布道集》，191 : 1。

［152］《信札》，220 : 6。

［153］《信札》，209 : 1、10。

［154］《布道集》，187 : 2。

# 参考文献

## 奥古斯丁著作及创作时间
## （作者附录）

《驳朱利安（未完篇）》, *Unfinished Answer to Julian*（*Contra Julianum Opus Imperfectum*）, 429—430 年

《布道集》, *Sermons*（*Sermones*）, 391—429 年

《创世记字解》, *First Meanings in Genesis*（*De Genesi ad Litteram*）, 401—415 年

《更正篇》, *Reconsiderations*（*Retractationes*）, 426—427年

《见证录》（多译作《忏悔录》）, *The Testimony*（*Confessiones*）, 397—401 年（？）

《论三位一体》, *The Trinity*（*De Trinitate*）, 397—426 年

《论秩序》，*Order in the Universe*（*De Ordine*），386 年

《上帝之城》，*The City of God*（*De Civitate Dei*），413—427年

《圣约翰帕提亚书阐释》，*Interpreting John's Parthian Letter*（*In EpistolamJoannis ad Parthos Tractatus Decem*），406—407 年

《诗篇评注》，*Explaining the Psalms*（*Enarrationes in Ps-almos*），392—417 年

《信札》，*Letters*（*Epistolae*），386—430 年

《约翰福音阐释》，*Interpreting John's Gospel*（*In Joan-nis Evangelium Tractatus*），406—421 年

## 书中引述的奥古斯丁其他著作
### （译者整理）

《驳怀疑论者》*Answer to Skeptics*

《驳帕米尼安书》*Answer to Parmenian's Letter*

《驳佩提利安书》*Answer to Petilian's Letter*

《独语录》*Dialogue with Myself*

《论本性与恩典》*Nature and Grace*

《论惩罚与赦罪》*What Sin Deserves*

《论创世记，驳摩尼教徒》*Genesis in Answer to the Manicheans*

《论婚姻中的善》*What is Good in Marriage*

《论加拉太书》*Commentary on Paul's letter to the Galatian*s

《论教师》*The Teacher*

《论灵魂及其起源》*How to Measure the Soul*

《论美与适宜》*The Beautiful and the Appropriate*

《论摩尼教"两个灵魂"》*The Manicheans'"Two Souls"*

《论欺骗》*Deception*

《论圣灵与仪文》*On The Spirit and the Letter*

《论完美生活》*Happiness in This Life*

《论向初学者传授教义》*Instructions*

《论幸福》*Happiness*

《论音乐》*Music*

《论真宗教》*The True Religion*

《论自由意志》*Freedom of Choice*

《天主教和摩尼教道德论集》*Catholic and Manichean Moral Systems*

《致多纳徒派之歌》*Chant Answering the Donatist*

# 书中引述的其他著作
## （作者附录）

《奥古斯丁〈忏悔录〉研究》，*Recherches sur les Confessions de Saint Augustin*，by Pierre Courcelle（Paris：Boccard，1950）

《奥古斯丁〈忏悔录〉》，*Augustine，Confessions*，by James J. O'Donnell，vols. 1–3（Oxford University Press，1992）

《奥古斯丁百科》，*Augustinus-Lexikon*，edited by Cornelius Mayer et al.（Basel：Schwabe，1986– ）

《奥古斯丁的〈忏悔录〉》，*Les Confessions de Saint Augustin*，by Pierre Courcelle（Etudes augustiniennes，1962）

《多纳徒派教会》，*The Donatist Church*，by W.H.C. Frend（Oxford University Press，1952）

《非洲基督教时期文学史》，*Histoire Litteraire de l'Afrique chretienne*，by Paul Monceaux，vols. 1–7（Paris：E. Leroux，1901–1923）

《罗马帝国后期的非洲城市》，*Les Cités de l'Afrique romaine au bas-empire*，by Claude Lepelley，vols. 1–2（Etudes augustiniennes，1979–1981）

《罗马帝国后期的基督教徒研究》，*Prosopographie Chrétienne du bas-empire*：Afrique，303–533，by André Mandouze（Centre nationale de la recherche scientifique，1982）

《帕拉吉乌：研究与评价》，*Pelagius：Inquires and Appraisals*，by Robert E. Evans（Adam and Charles Black，1968）

《身体与社会》，*The Body and Society*，by Peter Brown（Cornell University Press，1988）

《圣奥古斯丁传略》，*Sancti Augustinivita*，by Possidius，edited by Herbert T. Weiskotten（Princeton University Press，1919）

《圣奥古斯丁的旅程》，*Les Voyage de Saint Augustin*，by Othmar Perler（Etudes augustiniennes，1969）

《西塞罗的〈荷尔顿西乌斯〉》，*Ciceronis Hortensius*，edited by Albert Grilli（Milan：Istituto editorial cisalpine，1962）

《希波的奥古斯丁》，*Augustine of Hippo*，by Peter Brown（University of California Press，1967）

《主教奥古斯丁》，*Augustine the Bishop*，by F. Van der Merr，translated by Brian Battershaw and G.R. Lamb（Sheed and Ward，1961）

《宗教与社会》，*Religion and Society in the Age of St. Augustine*，by Peter Brown（Harper & Row，1972）

## 译文援引及参考著作
### （译者整理）

《埃涅阿斯纪·特洛亚妇女》，【古罗马】维吉尔、塞内加著，杨周翰译，上海人民出版社，2016 年 4 月

《驳朱利安》，【古罗马】奥古斯丁著，石敏敏译，北京：中国社会科学出版社，2010 年 6 月

《忏悔录》，【古罗马】奥古斯丁著，周士良译，北京：商务印书馆，1963 年 8 月，2015 年 9 月重印

《独语录》，【古罗马】奥古斯丁著，成官泯译，上海：上海社会科学院出版社，1997 年 10 月

《论三位一体》，【古罗马】奥古斯丁著，周伟驰译，北京：商务印书馆，2015 年 9 月

《论信望爱》，【古罗马】奥古斯丁著，许一新译，北京：生活·读书·新知三联书店，2009 年 8 月

《论原罪与恩典》，【古罗马】奥古斯丁著，周伟驰译，北

京：商务印书馆，2012 年 1 月

《圣经》和合本

《希波的奥古斯丁》，【美】彼得·布朗（Peter Brown）著，
钱金飞、沈小龙译，北京：中国社会科学出版社，2013
年 10 月

# 译后记

2015 年年初，我有意再拾起笔，做一些翻译的工作。因为多年未译，因此想从一本篇幅不大的译作开始。恰好手边正在编辑的有这样一套"企鹅人生"传记丛书，作者均为欧美当代名家，每本书十余万字，于是近水楼台，向企鹅方面提出申请，当时未确定译者的尚余两种，我选择了奥古斯丁，这就是翻译此书的缘起。

然开头虽好，翻译过程却并不平顺。先是春天去尼泊尔的旅行，险些遭遇大地震。尽管有惊无险，但回顾当时参拜过的古寺佛塔多数损毁，还是不由得慨叹人力之无法回天。回国不久查出患病，于是住院、手术、康复，又生出许多莫可名状的虚空感。其后离开北京三联书店，赴美盘桓了一段时间，虽然旅途中也在阅读英文原稿，但等到真正在书桌前坐定，敲下第一行字，已是秋末冬初。翻译以龟速持续了一个冬天，到圣诞节来临之际，终于完成初稿，又似大病一场。于是放下修改润色的计划，应朋友之邀，经迪拜去了希腊。

旅行从希腊北部港口塞萨洛尼基开始，然后沿着当年圣保罗在欧洲登陆传教的路线一路南下。途中经历保罗第一次讲道的腓立比古城，以及保罗被囚禁的石洞遗址、圣吕底亚受洗处的泉眼、亚历山大大帝出生地、众神齐聚饮宴的奥林波斯山、安哲罗普洛斯电影场景中的百年咖啡馆、"大地的肚脐"德尔菲，还有与山中偶遇的猎户们的清谈……这片古老丰茂的大地和这片大地上人们的眼神，都让我一颗飘荡焦躁的心沉静下来。他乡竟成故乡。

希腊之行让我在精神上与奥古斯丁真正相遇。奥古斯丁不会说希腊语，在他的时代，这一点不啻知识分子的耻辱，因此，用本书作者的话说，"这个与今天的我们如此心灵相通的人在他的时代却被视为外围人物，一个游离在古典文化圈边缘的外省人"。然而，这个出生于罗马帝国非洲属地的"外省人"元气之充沛，精神之自由，探究之彻底，文字之挥洒，恰恰在西方文明的最深处与希腊精神产生了悠远而深刻的共鸣。

返京之后，开始了文稿的修改和润色，心情轻快很多。希腊期间相伴同行的三家人都成了文稿修改的参与者。我们的微信群也从"希腊圣经新约之旅"改成了"圣奥古斯丁翻译群"。工作间隙，大家分享旅行中的照片和见闻。其中有一张最令我感动。三个来自不同家庭的小女孩微笑着迎风而立，冬雪初霁，一缕阳光带着虹影斜射过来，照在她们光洁的额头上。她们是八岁的珠珠，来自北京，其英文名 Dora 源于希腊文，意为"神赐的礼物"；七岁的姐姐，生于希腊，希腊文名 Artemis，意为"狩猎女神"；四岁的缇娜提，父亲黄云来自中国，母亲玛丽阿穆来自格鲁吉亚，这是个精灵般的孩子，会说中文、英文、希腊文、格鲁吉亚语、俄语，一路上五种语言自由切换，成为我们共同膜拜的偶像。在她们身后五十米处，转过那条小径，就是少年亚历山大大帝受教于亚里士多德处，岩洞旁边，是他们当年浴面濯足的一泓清泉。公元前 334 年，这位少年挥剑上马，出征小亚细亚，击败了强大的波斯帝国，让古希腊文明在欧亚非大陆广泛传播，从而改写了人类文明的图景。七百多年后的公元383 年，奥古斯丁悄悄离开迦太基，向着罗马的方向扬帆远行。他的手中没有利剑，但有一颗向着未知的世界勇敢探索的心。当时的他并不知晓，神圣的罗马帝国的基石业已倾颓，而他，一个帝国底层小吏的儿子，将以他手中的笔将古希腊哲学与天主教神学调和起来，从而深刻地改变欧洲基督教文化的生长脉络和精神肌理。

感谢将奥古斯丁作品及奥古斯丁研究者的作品绍介到中国来的前辈和同行，此书翻译过程中援引和借鉴的书目另有附录，此处不再一一详列。周士良先生翻译的《忏悔录》和成官泯先生翻译的《独语录》，给我带来的启示和思想上的愉悦，超越了文字本身。还有周伟驰、许一新、石敏敏、钱金飞、沈小龙等诸位先生、女士，他们的学术成果及译作为我的翻译工作提供了学术支持和精神坐标，令我受益匪浅，也令我照见自己在知识积累上的不足和文字表达上的局限。

感谢企鹅北京公司的王珍女士，由于她的支持与努力，"企鹅人生人物传记丛书"中文版得以在生活·读书·新知三联书店出版，感谢企鹅和三联的编辑团队，大家彼此尊重、彼此协作，结出硕果。再次诚挚感谢希腊《中希时报》主编杨少波博士，不仅感谢他悉心安排的美好旅程，更要感谢他就译稿中的哲学表述和文学修辞方面提出的宝贵意见。同时感谢雅典大学神学院的黄云先生，承蒙他帮我审阅了全稿，并就宗教学的理解和表达方面给予了慷慨的支持和温暖的鼓励。感谢少波的夫人张洁和黄云的夫人玛丽阿穆，她们各自带着独特的东方气质，在希腊的土地上典雅而热烈地绽放。感谢我的先生卫军，他对我的每一次任性而为都给予源自其宝贵天性的理解和包容。如果没有他们，这本译稿不会以这样的面貌出现。而我，也不会从内心深处真正感受到奥古斯丁的温度。正如奥古斯丁所说，上帝之伟大，无法用语言表达，然而，人人皆可见证。

# 企鹅人生
*Penguin Lives*

| | |
|---|---|
| 乔伊斯 | [爱尔兰] 埃德娜·奥布赖恩　著 |
| 简·奥斯丁 | [加] 卡罗尔·希尔兹　著 |
| 佛陀 | [英] 凯伦·阿姆斯特朗　著 |
| 马塞尔·普鲁斯特 | [美] 爱德蒙·怀特　著 |
| 伍尔夫 | [英] 奈杰尔·尼科尔森　著 |
| 莫扎特 | [美] 彼得·盖伊　著 |
| 安迪·沃霍尔 | [美] 韦恩·克斯坦鲍姆　著 |
| 达·芬奇 | [美] 舍温·努兰　著 |
| 猫王 | [美] 鲍比·安·梅森　著 |
| 圣女贞德 | [美] 玛丽·戈登　著 |
| 温斯顿·丘吉尔 | [英] 约翰·基根　著 |
| 亚伯拉罕·林肯 | [澳] 托马斯·基尼利　著 |
| 马丁·路德·金 | [美] 马歇尔·弗拉迪　著 |
| 查尔斯·狄更斯 | [美] 简·斯迈利　著 |
| 但丁 | [美] R. W. B. 刘易斯　著 |
| 西蒙娜·韦伊 | [美] 弗朗辛·杜·普莱西克斯·格雷　著 |
| 圣奥古斯丁 | [美] 加里·威尔斯　著 |
| 拿破仑 | [英] 保罗·约翰逊　著 |
| 朱莉娅·蔡尔德 | [美] 劳拉·夏皮罗　著 |
| 弗兰克·劳埃德·赖特 | [美] 阿达·路易丝·赫克斯塔布尔　著 |

**图书在版编目（CIP）数据**

圣奥古斯丁／（美）加里·威尔斯（Garry Wills）著；
刘靖译．—北京：生活·读书·
新知三联书店，2019.10
（企鹅人生）
ISBN 978-7-108-06305-2

Ⅰ．①圣…　Ⅱ．①加…②刘…　Ⅲ．①奥古斯丁
（Augustine, Aurelius 354-430）—传记
Ⅳ．① B503.1

中国版本图书馆 CIP 数据核字（2018）
第 100056 号

责任编辑　李静韬
特约编辑　王怡翻　毛文婷
装帧设计　蔡立国
版式设计　薛　宇
封面版画　袁亚威
责任印制　徐　方

出版发行　**生活·讀書·新知** 三联书店
　　　　　北京市东城区美术馆东街 22 号
邮　　编　100010
网　　址　www.sdxjpc.com
图　　字　01-2018-3045
经　　销　新华书店
印　　刷　北京市松源印刷有限公司
版　　次　2019 年 10 月北京第 1 版
　　　　　2019 年 10 月北京第 1 次印刷
开　　本　787 毫米 × 1092 毫米 1/32
字　　数　109 千字　印张 8.125
印　　数　0,001-8,000 册
定　　价　42.00 元
　　　　　印装查询：01064002715
　　　　　邮购查询：01084010542